Gustave Flaubert

Leben und Werke des Paters Cruchard und andere unveröffentlichte Texte

herausgegeben
und aus dem Französischen
von Elisabeth Edl

FRIEDENAUER PRESSE

Inhalt

Alfred

Alfred

Dienstag, Mittwoch, Donnerstag,
4., 5. und 6. April 1848

Ich studierte im 6. Band Augustinus – ich war eben erst aufgewacht. Es war kurz nach drei. Meine Mutter kam mit dem Brief von Mme de Maupassant – wir fuhren los – grässliche Hitze in Rouen – Ich habe ganz schnell den Wagen hergerichtet, ich habe die Deichsel angebracht, während Eugène die Pferde holen gegangen ist. Im Hafen, gegenüber der Porte Guillaume-Lion, ist ein Mann in Sommerhose und schwarzem Rock an uns vorbeigeritten, den ich für Alphonse Karr gehalten habe. Oben auf der Anhöhe sind wir, meine Mutter und ich, in ein Wirtshaus eingekehrt, *Au jeune Ermite,* wo ich einen Grog mit Kirsch trank; Eugène ein Glas Cidre – (Wir waren hierhergekommen, um die Kirche zu sehen, in der Droschke mit Max, im Winter vor meinem Vater, Caroline, und wir hatten ein paar Gläschen getrunken). Auf dem ganzen Weg haben wir fast nichts gesagt – das linke Pferd galoppierte, ich sah seinen Kopf –

Mme de Maupassant kam die Treppe herunter, küsste uns weinend, dann Monsieur – er sagte einen lateinischen Satz. *Doluit* ist alles, woran wir uns erinnern konnten. Dann ist meine Mutter wieder weggefahren – ich bin hinaufgegangen er lag auf einem Eisenbett, seine Knochen, vor allem die Knie, bohrten sich durch die Laken – ein Tuch auf dem Gesicht – Ich habe das Tuch hochgehoben – halboffene Augen – seine Nase kam mir länger vor – steif in seiner weißen Halsbinde, die Baumwollmütze zu tief in die Stirn gezogen – die Hände flach ausgestreckt – neben dem Körper – Das Fenster mit der offenen Jalousie, auf dem Nachttisch zwei Leuchter aus vergoldetem Kupfer – ein kleines Kruzifix – ein Buchsbaumzweig in einem Teller mit Weihwasser – Die Totenwache, eine kleine dicke Frau, ein bisschen verwelkt, schwarze Augen – Arbeitersprache – ich habe sie erst am nächsten Tag richtig gesehen – das Hausmädchen Anna, groß und dick, blasses Gesicht, hohe weiße Stirn – traurige Miene.

Abendessen – Mme Renard neben mir – dummes Lächeln. Mir scheint, sie macht mir schöne Augen. »M. Alfred war zu systematisch.« M. de Maupassant: »Er las bis ein Uhr früh Spinoza – nie studierte er zum Vergnügen. Immer machte er sich Notizen«. Mutter Pluchard findet Spinoza seltsam – »Descartes geht ja noch«. All diese Lektüren entzaubern das Leben (mehrmals wiederholt), irrige Systeme – Das Wort irrig für alles und jedes gebraucht. Ich esse viel und spüre nach dem Essen ein wohliges Gefühl — —

Zwei Zigarren im Garten – Sterne – Ich gehe hinauf – und ich setze mich in einen Armsessel neben einem Toilettentisch aus Mahagoni. Ich will die Leuchter daraufstellen – die Wächterin hindert mich daran – ich bekomme die Lampe – Ich las den zweiten Band von Creuzer (die Anmerkungen), Anna las ein kleines englisches Buch *Consolation for the mourners – für eine Mutter, die ihren einzigen Sohn verloren hat* —

Die beiden Frauen wollen nicht schlafen gehen. Die Wächterin auf dem kleinen Sofa klagte furchtbar über Kopfschmerzen und tupfte sich Essig auf die Schläfen – Chlorgeruch. Sie haben sich um Viertel vor zehn aufs Bett gelegt – Ich betrachtete die Leuchter und dachte, dass sie beim Kartenspiel in der Mitte gestanden hatten – Salons – Bälle. Ich las – um 11 Uhr ferner Hörnerklang, fern – sanft – von weit her aus den Wäldern. Ich rauche, ich lese, die Nacht wird mir lang – und dennoch denke ich ständig, dass ich Angst habe, morgen Nacht nicht wieder in diesem Zustand zu sein – ½ 2 Uhr – ich gehe in mein Zimmer – ich öffne das Fenster – ich rauche – Sterne – ich schlafe schlecht.

Am nächsten Morgen – ich schaue wieder hinein – die Wächterin stopfte schwarze Strümpfe – nach dem Mittagessen gehe ich in den Wald gegenüber – ich setze mich auf meinen Gehrock im Schatten eines Baumstamms – zwei Raben krächzten, zuerst einer, dann zwei, auf durchdringende Weise – sie flogen kreisend ins Blau, ich erahnte ihre Flügel, es kamen noch andere, und sie flogen davon – Ich bin nach Hause gegangen – Erklärungen von Mme de Maupassant, die wenig erklären – Spaziergang im Tal – die Hündin Diane, die einen Tag vor seinem Tod geheult hatte, läuft mir hinterher – Ich marschiere lange – dann und wann an den Hängen Leute, die Holz fällten – Ich habe neben einem Haufen Ginsterreisig geschlafen. Die Hündin freute sich und sprang umher, als ich aufstand und weiterging – große Hitze. Ich habe mich gegenüber einer Art Felsen niedergesetzt – ich bin umgekehrt, ein Mann beklagte sich bei mir über seine Arbeit, er rodet Stümpfe – ein anderer Mann mit einem King Charles, den er Männchen machen ließ – Ich setze mich wieder gegen einen Hang und rauche wieder – ich blicke auf das Haus und denke an die Vergangenheit –

Nicht gerade trauriges Abendessen.

Abend – mit dem Mantel meines Vaters. Die Frauen gehen schlafen – von Zeit zu Zeit eine Eidechse auf der Lampe – einmal schauderte mich, weil ich glaubte, ich hätte sie berührt, es war der

Lampenschirm – ich wage nicht, mit dem Fuß das Bett zu berühren – was ich lese, interessiert mich, zuerst *Les Feuilles d'automne* dann Creuzer, die Ausgabe, die wir in Fécamp gelesen haben in Laures Zimmer. Ich denke viel nach über die Nacht des Don Juan – Feuer im Kamin, das ich schüre, in der ersten Nacht gab es keines – Ich habe auf dem kleinen Bücherbord nachgeschaut, von dem ich mir schon *Les Feuilles d'automne* genommen hatte, die ich am Anfang der Nacht gelesen hatte, und ich nehme mir zwei kleine Keepsakes, in einem finde ich ein paar Verse von Dumas »Mitternacht«, darin findet sich »Eines Tages wird man wissen, welch sturer Kampf unter meinem Knie usw.« – das er so oft rezitierte – um 4 Uhr Tee – ich will keinen – Ich ziehe das Laken und den Schleier weg – ich nehme ihn, um ihn umzudrehen – Gestank – alles ist durchnässt – das Hemd schwarz und hochgerutscht über die linke Arschbacke – die Wächterin zieht es wieder herunter – Ich spüre den kalten Arm – dann habe ich ihn noch einmal an den Schultern und am Kopf angefasst – Als er gut eingerollt, verschnürt war, sah er aus wie eine ägyptische Mumie – Die Jalousie war offen – am Morgen Nebel – die Wälder – die Vögel, die zwei Kerzen, die gelb brannten. »Wird er, als fröhlicher Vogel, in den Kiefern die aufgehende Sonne besingen« – Ich konnte diesen

Satz den ganzen Tag über nicht loswerden, ich hatte große Freude an ihm und vor allem an dem Bild. Anna sagte, Mme Alfred möchte Haare, wir haben ihn wieder ausgewickelt – die Wächterin wagte nicht, auf der rechten Seite welche abzuschneiden – weil sein Kopf auf diese Seite gedreht war und die Augen offenstanden. Auf die linke Seite, auf die Schläfe habe ich ihn geküsst, und natürlich hatte mich vorher die Frage umgetrieben, ob ich es tun würde.

Plombierer – Die beiden Särge unten im weiß ausgeschlagenen Vorraum – sie stopfen ihn mit Wolle aus, Blei wird geschmolzen – leichter Regen – es wird geredet – Arbeiter – Tischler – kleiner Mann – ehemaliger Soldat – Scherz zwischen der Wächterin und dem Diener François – sie zwickt ihn. Im Salon sagte er zu mir, er habe im Haus seiner Herrschaft nie Dummheiten gemacht – Die Frauen entblößen sich allzu sehr – M. de M. enganliegende Hose, eine Art Halbschuh statt Pantoffeln – verquollene Augen – kein Tabak mehr – weder er noch die Wächterin.

Mittagessen – Béjaune und der junge Cord'homme. Boivin – Narcisse – es wird über Bankiers geredet – Ich gehe mit Boivin hinauf, um zu rauchen – Hamard und Bouilhet – mein Hin-und-Herlaufen. Vater Parain – Ich nehme meinen Packen Bücher.

Es geht los – Kerzen – der kleine Parkweg ist zu schmal – Bewegung des Sarges, der schlingert wie ein Schiff – wir wechseln uns ab – ein ehrenamtlicher Träger in Schwalbenschwanz und gepudert – Lamberts gesundes stumpfsinniges Gesicht – M. de M. im blauen Paletot – Die grünen Hecken – die weiß überpuderten Birnbäume – ein Hufschmied, der sich den Trauerzug anschaut – Knirps – Hähne – das Land ist schön –

Kirche – überall im Kirchenschiff Frauen. – Zuerst gefielen mir ein Blechblasinstrument mit Klappe und die langsamen Psalmodien – aber ich halte das nicht mehr aus – Ich war zwischen dem jungen Cord'homme und Béjaune – groteske Wirkung der Stimme des Chorknaben – die Flamme eines Kerzenleuchters flackerte in einem Kirchenfenster – seine Seele? Ich suchte sie seit Dienstag in den Sternen, in den Vögeln.

———————

Friedhof – fette Erde – fett – Es nimmt kein Ende – immer der gleiche Klang auf dem Holz, ich konnte nicht anders, als an den Rand der Grube zu treten und da stehen zu bleiben – Es war eine trockene Bitterkeit – ich konnte nicht weinen – Ich hatte Schluchzer im Bauch – Wie viele Schaufelvoll Erde hinunterfielen! mir schien, es waren hunderttausend – Mir kam der Gedanke, es könnte so aussehen, als würde ich posieren – vielleicht (mir war kalt, ich hatte einen Knopf an meinem Gehrock zugeknöpft und die Kerze auf den Boden gestellt gegen einen der Böcke, auf die man den Sarg stellt) und ich bin zurückgetreten – hinter mir weinte Béjaune.

Unterzeichnung der Urkunde beim Pfarrer – Allein zurück mit Boivin, der fand, als ich anfangen wollte, es sei nicht richtig zu rauchen. Wir reden über ihn – Er war sehr traurig am Tag seiner Hochzeit – Ein paar Tage vorher hatte er Lust, alles rückgängig zu machen – und hatte B. vorgeschlagen, sich mit ihm aus dem Staub zu machen. Noch einmal Mittagessen – ich nicht – es wird geredet – wieder über Politik!

Auf dem Kutschbock mit Bouilhet – Regen – Mäntel – schnelle Fahrt – die frische Luft tut mir gut – zu Hause Flasche Champagner mit Wasser – Mme Le Poittevin – zurück nach Croisset – ab Bapeaume schlafe ich. – Immer noch schlechtes Wetter – Ich gehe früh zu Bett und schlafe 13 Stunden, ohne von ihm zu träumen. Am nächsten Tag am Nachmittag auf meinem Bärenfell der Traum von Pimpenpohé –

Geschrieben am Samstagabend 8. und Montagabend 10. April 1848 – Croisset.

Ball
zu Ehren
des Zaren

Ball
zu Ehren des Zaren

9. und 10. Juni 1867

Ich bin um 4 Uhr 20 in Paris angekommen. Auf
den Boulevards die von den Rennen in Vincen-
nes Heimkehrenden – viele Wagen, viel Lärm. Die
Fahrbahn mit Wasser besprengt, die Fenster offen
und beflaggt – Blumen am Geländer – Omnibusse
haben ihr *out-side* mit einem Sonnensegel über-
spannt, für die Ausstellung gibt es welche, die fünf
Pferde haben wie Postkutschen und riesigen Kar-
ren gleichen – In Viktorias fahren Mädchen vorbei, die übermäßig angemalt sind und wie Mumien
aussehen, einige in hellgrünen oder rosa Musselin
gekleidet mit goldenen Armreifen. Etwas Kolos-
sales und Verrücktes in der Luft – Abendessen
zu Hause mit Caro und ihrem Mann – am Abend
Besuch bei der Prinzessin Mathilde – sehr wenig
Gäste – der Sohn des Fürsten Gortschakow, ein
bisschen gezierter, sehr höflicher Jüngling, hebt
mir einen meiner Handschuhe auf, den ich fallen
ließ – es wird über den Anschlag auf den Zaren geredet und natürlich werden Dummheiten erzählt.

Das Gegenstück zum Republikaner Floquet,
der im Justizpalast »Es lebe Polen« geschrien hat,

findet man unter den feinen Leuten, die sich im Élysée eintragen lassen. Der Zar hat sich dort gleich nach seinem Eintreffen eine Dysenterie geholt, weil er zu viel von dem Obst aß, das M. de Rothschild offerierte, und musste sich während der *Herzogin von Gerolstein* mehrmals auf die Schüssel setzen – hier beginnt der Spaziergang durch die Passage des Panoramas.

Er hatte aus Köln geschrieben, dass man ihm eine Loge im Variétés reserviert. Er hat *Blaubart* verlangt und sich *Pariser Leben* im Palais-Royal angesehen. Der einzige Künstler, mit dem er sprach, ist ein Schauspieler vom Variétés – und solche Leute versucht man umzubringen!!

Ich habe ihn mir in den Tuilerien genau angeschaut, er ist groß, schlank, und entbehrt, von hinten und aus der Ferne, nicht einer gewissen körperlichen Eleganz – sein Fuß, der in einer Stiefelette steckt – Schuh mit Gummizug (was grauenhaft ist), ist klein und sein Bein wohlgeformt – Der Kopf wirkte dumm – blondes Haar, ergraut wie der Bart und (im Profil) so geschnitten, dass es die Linie des Kinnbarts fortsetzt. Das große, runde Auge *will* ausdrucksvoll sein und hat nichts Angenehmes – es hat etwas Hartes und Blödes – fast überhaupt kein Kinn, was dem Gesicht etwas *Kauerndes* gibt – kein Kleinhirn und keine Schläfenbeine – der obere Kopfteil *stark* entwickelt, vielleicht ist er Mystiker?

Am nächsten Tag um 9 Uhr aus dem Haus, Besuch bei Duret, von dem ich durch den Türspalt ein Auge sehe – bei Lacroix Paris-Guide gekauft – bei Duplan, der nicht da ist – bei Florimont, der mir die Auskünfte für meinen Roman gibt – Gelage – Guy – Hutmacher Magnier – Mittagessen bei Maxime – M. Bodin Konsul in Neapel – Mme Baschet Schwägerin von Mme Husson – im Jockey-Club wegen des Buchs über die Rennen von 47 – im Café Anglais wegen einer Speisekarte von 47 – Besuch bei Sainte-Beuve – grässliche Hitze – mir tun die Füße weh, zu Hause lege ich mich auf meinen Diwan – um 5 Uhr geweckt von Caro, die heimkommt – um 9 Uhr kleide ich mich an und gegen Viertel nach 10 bin ich in den Tuilerien.

In den umliegenden Straßen dichtgedrängte Menge – die Schutzmänner verlieren den Kopf, die Wagen stoßen aneinander – man fährt im Schritttempo – das ungeheure Gebrause scheint einen umwerfen zu können – und man spürt, dass sich unter die Gaffer auch ein paar Übelgesinnte gemischt haben – der Neid des Grobklotzes, was mir schon bei M. de Mornys Begräbnis aufgefallen war – wenn man dem entkommen ist, spürt man Erleichterung.

Dann plötzlich in der Cour du Carrousel große Stille – der Mond scheint – gegenüber drei
Reihen Wagen mit ihren Laternen – beim Vor-
übergehen, Strahlen von Licht und Stahl fallen
aus der Wachstube der Cent-gardes.

Ich steige die große Treppe hinauf (die ich seit
dem 24. Februar 1848 nicht mehr gesehen habe) –
man biegt nach rechts und betritt einen großen
Saal – voller Menschen – das Stimmengewirr
(das mir ungeheuer scheint) verbunden mit der
Hitze wirkt auf mich wie ein Schlag, stark genug,
mich umzuwerfen – diese ungeheure Lautstärke
liegt am Parkett und dem Fehlen jeglicher Mö-
bel – alle Leute stehen – Viele Militäruniformen –
kein einziger Bekannter, außer M. Tissot (Konsul). Ich ersticke und gehe ins Vorzimmer – an
der Tür ein Kammerherr, der die Damen begrüßt,
die hereinkommen und hinten in einem anderen
Saal verschwinden, dessen Tür sich gleich wieder
schließt – jemand hat ein Fenster zum Carrousel
hin geöffnet – und ich atme – Ankunft der Prunk-
wagen, Geschirr aus Leder und roter Seide. In einem Pikett Reiter kommt Augier mich holen und
führt mich zu einem Balkon, der auf den Garten
geht und wo ich mit Jadin Vater und Sohn, Meissonnier und Augier stehe.

Der erste Eindruck ist hinreißend. Reihen von
Porzellanlaternen begrenzen die Alleen und wir-

ken wie große schimmernde Perlen – Die Blumen im Beet sehen aus wie vom Licht gezeichnet – die Rasenflächen scheinen aus Smaragd, die Bäume gemalt. Ganz hinten hängen weiße Kugeln im Blätterwerk, ein Braunton steigt auf und verblasst langsam im satinblauen Himmel – Die Fontänen wechseln in jeder Minute die Farbe – von Zeit zu Zeit huscht ein elektrischer Lichtstrahl über den Boden – vor unseren Augen spaziert ein Centgarde vorüber – sein Schatten ist riesengroß.

Jetzt stehen drei oder vier beisammen – es sieht aus, als hätten sie zehn Füße – Der Mond ist links – lautes Getöse in der Ferne, wie von einem Ozean – unwillkürlich wird leiser gesprochen. Dann erscheinen auf der linken Seite, zwanzig Schritt von mir, auf der Tribüne, von der die Treppe in den Garten hinabführt, vier Schatten. Die beiden Kaiser, die Kaiserin und die Prinzessin Mathilde – Sie traten zurück – zwei oder drei Damen gehen hinunter – alles wirkt wie eine Sinnestäuschung, ein Traum. –

Dann gehen die Hoheiten hinunter – man folgt ihnen langsam – man stellt sich an den Seiten auf – Die Kaiserin trägt einen kleinen Paletot aus goldenem Tuch. Der Kaiser im kastanienbraunen Sommermantel, der nicht zu seiner schwarzen Kniehose passt – er trat zu einem Scheich – »Geht es Ihnen gut?« Der Scheich küsste ihm die Hand – Der Kaiser reichte sie einem anderen, der sich damit begnügte, sie recht zwanglos zu schütteln.

Wie hübsch wirken die Schleppenkleider der Frauen, die mit bloßem Busen zwischen den Kübeln der Orangenbäume umherspazieren, unter dem milchigen Licht – rund um die Wasserbecken werden Kränze von Gaslampen entzündet – die bengalischen Feuer riechen zu stark nach Alkohol – Ich nehme eine Allee auf der rechten Seite, ich rauche und sehne mich zurück nach dem »ersten Geständnis der geliebten Frau«. Ach! was für eine Kulisse für die Leidenschaft! achtzehn Jahre alt sein und von einer Seigneuresse geliebt werden! dieser Gedanke ist bestimmt mehreren gekommen –

Éd. Delessert getroffen, M. Delaborde, Perrin, M. Leroy, Präfekt, M. de Persigny spazierte am Arm M. de Mornys vorüber alle in Weiß und mit roter Perücke.

Ein paar zuschauende Arbeiter wirken störend.

Ich gehe die Treppe wieder hinauf. – Die Fassade der Tuilerien ist im gleichen Farbton und diese Dekoration aus Leinwand und Holz wirkt echt, sogar aus der Nähe.

Großer Saal der Marschälle, wo getanzt wird – Zar Alexander steht vor mir, drei Schritte entfernt, während eines ganzen Kontertanzes, und spricht mit zwei Damen, von denen eine Mme de Bourgoing ist – Ich reiche Mme Reiset den Arm und kehre mit ihr zurück auf die Tribüne – Die im Garten verteilten Orchester antworten sich gegenseitig – Die elektrischen Lichter spielen auf den Fontänen.

Die Hoheiten treten in den Saal.

Spaziergang durch die Gemächer mit Éd. Delessert – Mme de Baulincourt, Marquis und Marquise de Conegliano – Am Büffet nehme ich kalten Lachs und ein Glas Saint-Péray mit Eis. Der Herzog von Mouchy duzt Éd. D. Die Japaner – Kotillon, angeführt vom Marquis de Caux. Prinz Umberto versteht nicht viel davon. Mme de Grétry steht, um besser zu sehen, auf einem Stuhl zu meiner Linken – zu meiner Rechten, ganz nah bei mir, eine Frau von 40 Jahren, brünett, ebenmäßig, gerade Nase, scheint zu merken, dass ich sie ansehe – eine sehr dicke mit Golddiadem, enorm, mehrreihige Perlenkette – jenseits des Gitters, rechts General Fleury, ich kann den König von Preußen und Bismarck nicht sehen. Prinzessin Mathilde ist ganz am anderen Ende, beim jungen Fürsten Gortschakow. Ein paar andere, glatzköpfige, tanzen, was mir grotesk erscheint, der einzige, der ungezwungen wirkt, ist M. de Caux – Arm von Mme de Saint-Vallier – M. de Caux verteilt

Blumen, dann kleine künstliche Orangen, die an Seidenbändern hängen und was weiß ich enthalten.

Die Hoheiten gehen zum Souper – hinter ihnen wird die Tür geschlossen.

Sehr langes Warten – Mme Espinasse und ihre Mutter – der Maler Boulanger – eine Minerva neben einem Albaner. Die Tür öffnet sich, um ein paar Gesättigte herauszulassen, dann schließt sie sich wieder – alles drängt sich und wird langsam ungehalten. Mme de Grétry (hat einen Spitzenschal verloren) an meinem Arm. Zuletzt lege ich fast meinen Arm um sie – ist das ein Anfang von Vertraulichkeit? M. X, Kommandeur der Cent-gardes, ruft ihre Empörung hervor durch den Befehl, die Leute zurückzudrängen. Manche schlüpfen unter dem Arm des Wachpostens hindurch – Sie hat ihre Tochter verloren – Ich schleuse sie mit Gewalt durch – bestimmt ist sie zufrieden mit mir, denn ich bin zufrieden mit ihr –

Blick auf das Souper – die Wirkung ist prachtvoll – Es wird unten serviert – man hat Mühe, einen Platz zu finden – Mme Cornu – an einem anderen Tisch Bataille, seine Frau, Jolibois, der Anwalt Lachaux – Mme Cornu überlässt mir ihren Platz – ein Russe, in meiner Nähe, beklagt sich über das Durcheinander und erscheint mir

grobschlächtig – Mme Léon Lepic – wir gehen –
Mme de Baulincourt – M. Dubois de l'Étang (den
sie beschuldigt, einen Schwips zu haben) es ist
Tag – wenige Wagen auf dem Platz –

Zurück an den Boulevard du Temple – wü-
tend auf Anselme – Rue d'Amsterdam, Wein-
händler – Café. Die Reisenden im Vergnügungs-
zug. Abfahrt um 8 Uhr.

Mein armer
Bouilhet

Mein armer Bouilhet

Mittwochabend, 21. Juli

Seit drei Jahren war er verändert, in seinem Wesen, seinem Temperament, seinen Gedanken; eine gewisse kleinliche und provinzielle Seite hatte sich in ihm entwickelt. Ich erinnere mich (mit schlechtem Gewissen), dass ich ihm eine Schmährede gegen Feydeau und sein Börsendrama übelgenommen hatte (das geschah vor M. und Mme Hazard bei Caro), aber wie herzlich war die Versöhnung gewesen!, und 2. gewisse Züge von merkwürdigem Geiz – am letzten Neujahrstag meiner Mutter keine Tüte Bonbons geschenkt zu haben, so zu tun, als merke er nicht, dass ich ihm auf dem Schiff nach La Bouille seinen Platz zahlte, usw. Er redete vom Sparen – kurzum, er zeigte alle geistigen Symptome des Alters. Aber dann hatte ich ihn *wieder ganz wie früher* erlebt! Als er zum letzten Mal hier war und wir an den letzten Szenen meines Romans gearbeitet haben.

Als ich dieses Jahr im Mai aus Paris zurückkam, bin ich am Abend in die Bibliothek gegangen – wir haben an dem zweiten Fenster miteinander geplaudert. Ich habe ihn über *Aïssé* beruhigt, das heißt, was die Bevorzugung anging, die Chilly, wie er glaubte, dem Drama von Mme Sand einräumte.

Er fuhr nach Paris und kam verärgert über die Korrekturen zurück, die Chilly für den zweiten Akt von ihm verlangte.

Die Damen Vasse sind hierhergekommen – meine Mutter war 14 Tage lang unausstehlich und hat mir die Nerven gewaltig strapaziert. Die gute Flavie Vasse verstand mich, wir plauderten auf der Terrasse, und mir scheint, während dieser Tage ist zwischen uns eine ganz besondere Zuneigung entstanden, die weder Freundschaft ist noch Liebe, sondern etwas wie eine Verschmelzung von Empfindsamkeiten. Am letzten Sonntag im Juli war ich bei ihm, ich habe einen anderen Mann vorgefunden, abgemagert, mit blödem Blick. Dr. Péan war da. Dr. Morel und der Apotheker Dupré. Man beschließt, dass er nach Vichy fahren soll – zurück auf dem Schiff nach La Bouille mit M. und Mme Censier. Am Abend kommt M. Heuzé zum Essen.

Am nächsten Tag ist er nach Vichy gefahren. Zehn Tage später (morgen sind es vierzehn Tage) entmutigender Brief von Willemin – Abendessen bei Lapierre, in St-Sever, wo ich, apropos Literatur, einem kleinen Herrn begegne, Monsieur Dejean, der Jolibois ähnlich sieht.

Die ganze folgende Woche Sorgen um Caroline, die durch Norwegen reist – Ich will mir einreden, dass mein armer Bouilhet nicht so krank ist, wie man sagt (mir scheint immer noch, man hätte etwas tun können). Ach! die Ärzte! was für Hohlköpfe! was für Hohlköpfe! – *Der Forscherdrang*, also der wissenschaftliche Drang schlechthin, fehlt ihnen völlig.

Am Montag ist er nach Rouen zurückgekommen – ich habe ihn am Dienstag besucht – sein mehrere Tage alter Bart hat mich schockiert 1. als Selbstaufgabe und 2. weil er mich an den meines Vaters auf dem Totenbett erinnerte – schlechtes Zeichen, die Armenbärte! –

Am Donnerstag bin ich wieder zu ihm – Abendessen bei den Achilles mit Chapelaine und einem anderen Assistenzarzt, der als Soldat in Rouen gewesen ist. Das Ödem in den Beinen, sagte er mir, sei ein wenig zurückgegangen – ich hatte ein wenig Hoffnung –

Freitag – entsetzliche Sorgen wegen Caro. Émile, mein Diener, bringt mir einen Brief aus Rouen – Während ich mich rasierte, kommt Raoul-Duval vorbei, der am Gartentor hält und den ich hereinbitte.

Samstag 17. – Abfahrt nach Paris um 7 Uhr. Ich besuche ihn, er war heiter, geistreich, charmant –

und in so kühner Stimmung, wie ich ihn seit einem Jahr nicht erlebt hatte – Der Zorn gegen seine Schwestern gab ihm noch Kraft. Ich habe ihm Lebewohl gesagt in dem Glauben, ich würde ihn wiedersehen, er würde noch lange durchhalten, er könnte gesund werden!...

In Paris um 11 Uhr 20 angekommen Mittagessen bei Bonvalet – im Garten des Restaurants treffe ich meine Vermieterin Mme Rigaud. Besuch bei Madame Roger – auch bei Maury. Archiv, zurück nach Hause. Mme Roger, Besuch bei Ste-Beuve. Abendessen im Café Riche. Um 9 Uhr abends Besuch bei den Goncourts in Auteuil.

Sonntag – Besuch bei Feydeau – Mittagessen bei Vater Cloquet – St-Gratien – eine unendliche Traurigkeit überkam mich, kaum dass ich eingetreten war. Théo und Popelin (mit seinem Knirps) führen mich an den See, der Prinzessin entgegen. Beim Abendessen neben Mme Vels de la Valette, ganz in Schwarz, mit einer dicken Schicht Reispuder. Ich gebe mir furchtbare Mühe, mit ihr zu sprechen. Am Abend zurück mit Amaury-Duval und Violet-Le-Duc.

Montag 9 Uhr morgens – Die Depesche von Philippe! abgeschickt von Caudron zusammen mit einem Brief meiner Mutter, die in Verneuil war. Mein Portier packt mir den Koffer. Ich schreibe meiner Mutter, dass ich sie am nächsten Tag nicht abholen kann, und der Dupin, dass Bouilhet gestorben ist und ich abreise – an Du Camp telegraphiert – in der Banque de Paris gewesen, um Duplan zu sehen – Er war in einer Art von kleinem Vorzimmer, wo Kassenboten ein- und ausliefen – der mit Wertpapieren vollgestopfte Geldschrank weit offen! er hätte wenigstens mit mir auf die Straße hinuntergehen können! Wie das Handwerk die besten Leute verdirbt! Natürlich ist er *aus Pflichtgefühl* dageblieben und ich, der ich in meiner Einfalt geglaubt hatte, er würde anbieten, mich zurück nach Rouen zu begleiten – an seiner Stelle hätte ich es getan! Zum ersten Mal finde ich, dass er im Unrecht ist.

Am Bahnhof gewesen, um meinen Koffer aufzugeben – Mittagessen im großen Café mit einem Kalbskotelett und gefüllten Tomaten – mich im Laden von Félix rasieren lassen – eine Hure – Hinterher bin ich bei M. Clausse gewesen, Siraudin getroffen, mit einem Sonnenschirm –

In der Eisenbahn, in meinem Waggon, Gustave Boulanger und eine Kokotte in Schwarz – grüne Augen wie die der Kaiserin, längliches Gesicht, Anflug von Bart, das linke Auge schielt ein wenig, sie war vergnügt, trällerte vor sich hin, hat mich *entsetzlich* gequält! während der ersten halben Stunde hätte ich sie am liebsten erwürgt. Ich habe nicht die Kraft weiterzuschreiben, ich gehe schlafen.

Donnerstag ½ 10 am Abend.

In der Nähe von Mantes glaubte ich vor Durst und Schmerz zu sterben. Der Anblick der Kirchtürme von Mantes hat mir furchtbar wehgetan. Unter dem Tunnel von Rolboise habe ich an der Tür gestanden, der Wind erfrischte mich – ich war der Ohnmacht nahe! ich lag in den letzten Zügen! Die Kokotte bot mir ein Riechfläschchen an, das wir nicht aufbekommen haben. Zum Glück hatte sie Kölnisch Wasser. Neben mir ein Engländer, der gut französisch sprach und durch den Orient gereist ist – in der linken Ecke, rechts von mir, ein alter Bürger mit Perücke, der Arnal ähnlich sah.

In Vernon ein Glas Bier. Bis Rouen habe ich weniger gelitten. Am Bahnhof um 3 Uhr 20 angekommen. Ich gehe in die Rue Bihorel. Dupré, der Apotheker, taucht beim Rasenrondell auf, er sagt mir, dass nach dem Zornanfall gegen seine Schwestern das Ödem tatsächlich zurückgegangen war, aber wahrscheinlich ist es hochgewandert in die Brust und ins Gehirn? denn in den letzten Stunden delirierte er – Er entwarf ein Szenarium über die Inquisition, ein mittelalterliches Drama, und er redete von mir! Da das Wort »Ekklesiastikus« in seinen Sätzen ständig wiederkehrte, sagten seine Schwestern: »Ihr seht doch, dass er nach einem Priester verlangt.«

Léonie taucht auf – wir fallen einander schluchzend in die Arme. Das Esszimmer voll mit Leuten, die Trauerkarten schreiben – … Ich fahre heim nach Croisset, um meinen Koffer abzustellen. Émile ist nicht da. Ich packe meine Sachen, ich esse zu Abend – eine Runde im Garten, wo ich weine.

Schiff aus La Bouille. M. Émengard – Hôtel-Dieu. Sie sind mit dem Abendessen gerade fertig – Hôtel de France. Rue Bihorel – der ganze erste Stock erleuchtet. Ich habe mich nicht getraut, ihn anzuschauen! Ich spüre, dass ich schwächer bin als vor zwanzig Jahren und vor dreiundzwanzig bei Alfreds Tod und bei dem meines Vaters und meiner Schwester! Ich habe keine innere Festigkeit mehr. Ich fühle mich *verbraucht*.

Von 9 Uhr bis 6 in der Früh habe ich mich im Garten aufgehalten, dort zwei Stunden auf der Erde geschlafen, auf einer Strohmatte in der Allee, in eine Decke gewickelt. Der Mond schien – die Nacht war herrlich. Die frische Luft hat mir unendlich gutgetan … Ich denke an meine Reise in den Orient und an Du Camp. Viele Hähne in der Umgebung – zu Fuß die Rue Beauvoisine hinunter – von ½ 7 bis 8 Uhr geschlafen. Ankunft von d'Osmoy.

Als ich um 11 Uhr in die Rue Bihorel zurück-
komme, steht der Sarg vor der Tür. Der Anblick
dieser Kiste hat mich zutiefst betrübt, und ich bin
in Tränen ausgebrochen, dann sind alle gekommen – Mme Régnier aus Mantes war hinten im
kleinen Hof – Profil von Vater Fossard, der ein-
trifft. Immer mehr Gäste – wir machen uns auf
den Weg – Die Kirche – Ekel durch die Kerzen, von
denen es noch heißer wird – Alle fünf Minuten zog
ich meine Uhr hervor – Ich spürte vor allem große
körperliche Erschöpfung – Die Silberfransen der
schwarzen Pluviale zitterten, zu meiner Linken
Achille, zu meiner Rechten d'Osmoy, hinter mir
der Präfekt – Soldaten, die bei der Wandlung nie-
derknieten und die Hand an den Tschako legten.

Wir machten uns wieder auf den Weg – Hitze, Staub, gewittriges Wetter. Den Hügel hinauf
zum riesigen Friedhof. Der Wagen schien mir
sehr schnell zu fahren – Als ich den Sarg über
dem Loch sah, auf den Stangen ruhend, habe ich
gedacht, dass er nun für immer hinuntergelas-
sen würde, ich hatte Angst vor dem Geräusch der
Steinchen – und ich fürchtete, die Reden könnten mich in Rage bringen – ich hatte mich an ein
Grab gelehnt – das Grab neben dem des jungen
Dumée, und man schubste mich, um zu sehen –
Achille und ein Herr, den ich nicht kenne, haben mich mitgenommen – Auf der großen Allee

drückte Vater Pouchet mir die Hand. Rue Biho-rel – ich küsse Madame Régnier die Hand, und sie versteht die Bedeutung dieser Geste. Mittagessen bei Leper mit den beiden Gérards, d'Osmoy und Malenfant, zurück hierher – geschlafen von 6 bis 8 Uhr bis 9 Uhr. Ein Bad – Souper – geschlafen von Mitternacht bis 6 Uhr.

Mittwoch nach Serquigny, um meine Mutter mit der Eisenbahn abzuholen. Achille und sein Schü-ler Chapelain. – Mme Hazard – In Serquigny, Fla-vie, meine Mutter, der Bahnhofsvorstand, Mme Folcon. Rückfahrt bei herrlichem Wetter – über-all Wälder, blauer Himmel, ich bin nicht traurig.

Um 6 Uhr wieder hier hat mich ein neuerli-cher Krampf gepackt, ich war erledigt.

Heute unter vielen Briefen einer von Durey, die in Rouen ist. Sie ist zum Begräbnis gestern mit dem Zug um Mitternacht gekommen. Émile holt sie in Rouen ab – sie kommt mit dem Schiff nach La Bouille – isst zu Mittag – ich begleite sie zurück nach Rouen – in ihrer Tasche hat sie Steinchen vom Friedhof.

Léonie weint wieder, als sie mich sieht. Wir packen alle seine Papiere in meine große Holz-kiste. Welche Trennung! Welche Leere! Ich finde die Hefte zu *Meloenis*, die ich seit 1849 nicht gesehen hatte. Er hat, als er nach Rouen kam, viele Briefe verbrannt – Warum? weil er den Tod spürte? (Auch Alfred hatte diese Vernichtungsmanie). Ich war gekränkt und fühlte mich auch ein wenig betrogen, weil es ihm nicht wichtig gewesen war, mehr Briefe von mir aufzubewahren. (Ich glaube, er hat sie verbrannt, weil sie viele Schweinereien enthielten). Er war in letzter Zeit ein wenig biedermännisch geworden – Die Schlüpfrigkeit, die meiner Ansicht nach einer der gesündesten komischen Trostspender ist, erschien ihm als etwas Kindisches – widerte ihn an. Er hat Mansion das kleine persische Album gegeben, das Maxime ihm mitgebracht hatte.

Léonie denkt genau wie ich über die Veränderung, die sich seit drei Jahren in ihm vollzogen hatte! Denn ich war mir im Klaren darüber, dass er mich fallenließ – Seit seiner Rückkehr nach Rouen kam er nicht mehr gern nach Croisset – insgeheim nahm er mir übel, dass ich die Welt und das Leben in Paris so akzeptierte, wie sie sind. Auch Alfred hatte mich fallengelassen. Seine Heirat war für mich wie ein Verrat gewesen. Am Ende meines Besuchs bei Léonie macht Vater Fossard seine Aufwartung.

Armer Monsignore! mein armer Bouilhet, wie habe ich dich geliebt! ich hätte dich gern reich und umjubelt gesehen! triumphierend!

Alle seine Verse sind da, auf meinem Dachboden. Was für ein bitteres Vergnügen wird es mir sein, wieder in seinen Heften zu blättern!

Was für ein Verlust! was für ein unersetzbarer Verlust! was für ein sicherer Geschmack! was für ein Scharfsinn! Wie gut er meine Gedanken erhellte! Was für ein Kritiker! was für ein Meister! Jetzt, da er tot ist, habe ich meinen literarischen Kompass verloren. Kopf hoch, nur Mut – Leb wohl.

Donnerstag, 22. Juli – um ½ 11 am Abend. Die Fenster stehen offen, bei schönem Mondschein, der auf dem Fluss schimmert. Ich küsse in Gedanken deine schöne gedankenschwere Stirn.

Ich finde nichts mehr, was ich mir sagen könnte – mir schnürt sich die Kehle zusammen – mein armer Freund! mein armer lieber Alter –

Leben und Werke
des Paters Cruchard

Leben und Werke des Paters Cruchard Aufgezeichnet von Pater Cerpet SJ

Gewidmet der Baronin Dudevant, geb. Aurore Dupin

Bartholomé, Denys, Romain Cruchard wurde in Mariguerville-lès-Quiquenville in der Diözese Lisieux geboren. Seine Mutter, eine arme Bäuerin, brachte ihn plötzlich und ohne Schmerzen in einer Apfelwein-Presse zur Welt – wo sie damals gerade arbeitete – so dass Cruchard zu sagen pflegte: »Unser Herr wurde in einem Stall geboren und ich in einer Presse«, ein Scherz, den er gern machte, wenn er den kleinen Kindern Religionsunterricht gab.

In seinen ersten Jahren geschah nichts Bemerkenswertes; er verbrachte sie auf dem Land, wo er das Vieh hütete, ohne zu ahnen, dass die Anfänge eines unserer größten Pontifizes ebenso bescheiden gewesen waren. Doch anstatt umherzustreunen, wie andere es getan hätten, verwandte er seine Zeit darauf, unter den Bäumen geistliche Lieder zu singen und mit einem Messer kleine fromme Figuren aus Holz zu schnitzen. Bei derlei Beschäftigungen überraschte ihn eines Tages Monsignore Cuisse, Bischof der Diözese, und angesichts solcher Unschuld konnte der heilige Prälat die Tränen nicht zurückhalten. Nachdem er den jungen Cruchard befragt und dieser ihm höchst zufriedenstellende Antworten gegeben hatte, vertraute er ihn der Obhut des Pfarrers von Mauquonduit an, und drei Jahre später nahm er ihn unter die Stipendiaten auf, die er selbst im Seminar von Lisieux unterhielt.

Die Hoffnungen des Monsignore wurden zunächst jedoch bitter enttäuscht. Trotz seines Fleißes war Cruchard stets der letzte in seiner Klasse und wirkte (offen gesagt) dumm. Man wollte ihn schon vom Seminar verweisen, und seine Eltern, die auf Monsignores Protektion Träume von Reichtum gegründet hatten, waren verzweifelt, da kam Cruchard auf den Gedanken, eine Wallfahrt nach Notre-Dame d'Hoquenville zu unternehmen und die Hilfe der heiligen Muttergottes zu erflehen. Am Tag einer Prüfung kehrte er ins Seminar zurück. Cruchard wurde Klassenbester.

Von diesem Augenblick an war Cruchards Leben im Seminar nur noch eine Folge von Triumphen. Kein Jahr, in dem er nicht sämtliche ersten Preise errang, und der Widerhall seiner Erfolge verbreitete sich bis weit in die Pfarrge-

meinde. Man war glücklich, diesen jungen Mann
zu sehen, er jedoch entzog sich den Lobreden und
widmete sich, in der Einsamkeit seiner Zelle, mit
Feuereifer dem doppelten Studium der heiligen
und der weltlichen Literatur.

Am Ende der Rhetorik-Klasse verfasste er für
die Verleihung der Preise im Seminar eine latei-
nische Tragödie mit dem Titel *Die Zerstörung So-
doms*. Das Thema war heikel, Cruchard verstand
es, allen Gefahren auszuweichen, und trieb die
Wohlangemessenheit so weit, dass es schwerfiel
zu erkennen, worum es überhaupt ging. Doch
Gründe der Disziplin (oder andere vielleicht)
verhinderten die Aufführung – und Cruchard,
das müssen wir eingestehen, war darüber sehr
verstimmt.

Das war ein Grund, sich mit der Logik an-
zufreunden. Seine Liebe zu Thomas von Aquin
wurde so groß, dass er einen Teil der Nacht darauf verwandte, diesen Autor wieder und wieder
zu lesen – und da er immer irgendeinen Band
von ihm unter seinem Kopfkissen im Schlafsaal
verwahrte, sagte ein Mitseminarist geistreich, er
schlafe mit dem Engel der Schule!

Dank dieser beharrlichen Arbeit, dank seines besondren Genies und auch, vergessen wir es
nicht, dank des Schutzes derjenigen, deren Gunst
er bereits genossen hatte, debütierte er mit ei-

nem Donnerschlag, als er in der Kathedrale von Bayeux predigte, wo eine ganze Fastenzeit lang die Provinz an seinen Lippen hing.

Er besaß weder Bourdaloues Sanftmut noch vielleicht Massillons Höflichkeit; eher schon glich er Mascaron durch die Lebendigkeit, Cheminais durch die Anmut und Pater Bridaine durch die Leidenschaft; wenn es überhaupt etwas gibt, was man Cruchards Eloquenz vorwerfen könnte, dann höchstens, dass sie bisweilen ein wenig allzu ausgeprägt und, um den richtigen Ausdruck zu gebrauchen, asiatisch ist, ein bei großen Talenten verzeihlicher Fehler, in den nach einem allzu langen Aufenthalt auf der Insel Rhodos verfallen zu sein, der König der lateinischen Redner selbst bekennt.

Cruchards Vortrag war auf der Höhe seines Stils; mit volltönender Donnerstimme tobte er, und fast hätte er sich, wie ein neuer Jesaja, nackt ausziehen müssen – denn oft, wenn er von der Kanzel stieg, sah er sich gezwungen, bis zu dreimal hintereinander das Chorhemd zu wechseln, so schweißgebadet war er.

Seine Brust war bald geschwächt und wie verbrannt vom Feuer seiner Eloquenz, Cruchard musste sich ein wenig Ruhe gönnen. So nutzte er das Anerbieten des Marquis de Crefforens, Gesandter beim König von Neapel, welcher ihn gern mitnehmen wollte auf eine Reise nach Italien.

Sowie Cruchard den Boden des alten Evander betreten hatte, gab er sich ganz der Begeisterung für die schönen Künste hin – Medaillen, Gemälde, Altertümer – er studiert, annotiert, verschlingt alles! Ja, er will sogar Arabisch lernen von einem Renegaten, den er im alten Parthenope kennengelernt hatte, und bei dieser Gelegenheit verbreiteten Cruchards Feinde sogar das Gerücht, er sei nahe daran gewesen, den Turban zu nehmen.

Cruchard erachtete es unter seiner Würde, auf eine so infame Verleumdung zu antworten, doch er spürte selbst, dass seine Neigung zur Literatur ihn allzu weit trieb, und nach drei Jahren, er war eiligst nach Frankreich zurückgekehrt, beantragte er und erhielt die Pfarrei von Manicamp, die, überdies ganz bescheiden, ihm alle Muße gab, sich seinen Werken zu widmen, deren wichtigste wir anführen wollen:

De Turre Babylionorum, 3 Bde in Folio.
Glaubwürdigkeit der Offenbarung, bewiesen durch verschiedene, bei den Wilden Nordamerikas entdeckte Inschriften, gefolgt von einem Wörterbuch und einer Grammatik der Sprache dieser Völker.

Der besiegte Atheismus, eine Antwort auf verschiedene Artikel des M.B., 2 Bde in Folio.

Architophel, oder die Gefahren des Ehrgeizes, unter dem Schleier der Anonymität veröffentlichter Roman.

Calvins Schelmenstreiche, denen von der S.R.R. gewidmet.

Diabolus und Jansenius, Dialog in der Manier des Erasmus.

De pondere, intimis, mensura figuraque Arcae Noë, et numero animalium authentico quae in illa inclusa et vecta fuere cum novis caelaturis magnificis, Lugduni Batavorum, IV Bde in Folio.

Handbuch der Oration, den Griechischen Vätern entnommen, mit Verweisen auf die Regeln des heiligen Ignatius.

Das Leben des Monsignore Cuisse, 8 Bde, unvollendet.

Trotz dieser Schlag auf Schlag veröffentlichten Werke wäre Cruchard unbekannt geblieben, hätte ein außergewöhnlicher Umstand ihn nicht auf eine größere Bühne berufen.

Die Favoritin eines großen Fürsten herrschte damals über Frankreich, und um seinen Herrn von ihr zu befreien, kam ein schlauer Minister und tiefsinniger Politiker (bestens unterrichtet durch *** – man wird Verständnis haben für die

Bedenken, die uns hindern, den Namen zu nennen) auf die Idee, Pater Cruchard nach Paris zu holen und ihn dieser berühmten Person zum Beichtvater zu geben.

Dieser für ihn so neue Ort beeindruckte Cruchard nicht. Er bewahrte inmitten des Prunks von Versailles jene männliche Selbstsicherheit, die er auch auf dem Land zeigte, und verstand es bald, dank seines anmutigen Geistes und seiner geselligen Umgangsformen vom ganzen Hof aufgenommen zu werden – in einem solchen Maße, dass er bei einem Essen im Hause des Herzogs von Laroche-Guyon ganz allein einen Truthahn und drei kleine Kaninchen verspeiste und Mgr. de Chauvignolles (ebender, dessen Neffe auf den Malteser Galeeren ein so tragisches Ende fand, und der, obwohl ein großer Kriegsherr, nur von Milchprodukten lebte) über seinen Appetit erschrak und ausrief: »Pater Cruchard, Ihr seid der größte Theologe und der größte Esser im Königreich!«

Sechs Monate später hatte die Favoritin den Hof verlassen und bereitete sich vor, als Louise de la Miséricorde die Welt durch ihre Tugenden zu erbauen, nachdem sie dieselbe durch ihre Sünden bekümmert hatte. Von diesem Augenblick an sehnten sich alle großen Damen danach, Pater Cruchard zum Beichtvater zu haben.

Viele dieser berühmten Weltdamen wichen sozusagen den ganzen Tag nicht von seiner Seite. Hoheiten ließen in jeder Minute nach ihm rufen. Damit er schneller komme, schickte ihm Mme de Larvillac ihre Sänfte, und Mlle de Brichanteau gestand, sie könne ohne ihn nicht dinieren.

Doch Cruchard widmete sich bevorzugt den Salesianerinnen oder, besser gesagt, den Schwestern von der Verzweiflung, die eine ihrer Untergruppen bilden. Sobald er eintraf, kamen alle herbeigelaufen wie durstige Rehlein, um das erquickende Nass seiner Worte zu trinken. Solange er lebte, wollten sie keinen anderen und wandten tausend Listen an, um ihn zu halten. Selbst der Erzbischof von Paris scheiterte; es war eine Zuneigung wie die der Neubekehrten zu M. de Cambrai oder der Karmeliterinnen zu M. de Bérulle. Kurzum, es erschien ihnen unmöglich, die Gnade auf anderem Wege als durch Vermittlung Cruchards zu erlangen.

Er verstand zu lieben! Er kannte die Herzen! Geschickt in den Leidenschaften, durchschaute er ihre Ursprünge, konnte mittendrin den Anker des Heils auswerfen oder bewirken, indem er ihre Verirrungen umschiffte, dass sie in den Hafen führten. »Ängstigt euch nicht vor der Sünde«, pflegte er zu sagen, »aus dieser Sorge keimt Stolz. Nicht jeder Sündenfall ist gefährlich, und die Laster werden bisweilen zu den Sprossen der Himmelsleiter.« Nach dem Beispiel des allerseligsten heiligen Franz von Sales, nannte er das Fleisch »die Eselin«. Lächelnd redete er seine Beichtkinder sogar mit den Worten an: »Wie geht es der Eselin?« und wollte nicht, dass man allzu grob umgehe mit dem armen Tier.

Kurzum, die frömmsten Damen gestanden, er helfe ihnen, jeden Tag unendliche Fortschritte in der Vervollkommnung zu machen, und andere, sie hätten größere Lust in den Gesprächen mit Pater Cruchard empfunden als in den Umarmungen ihrer Liebhaber.

Wenn er im Moralischen auch ein wenig milde war, ja sogar so milde, dass er des Molinismus bezichtigt wurde, zeigte er sich doch unbeugsam, was das Dogma betraf, und wollte nicht anerkennen, dass es außerhalb der Kirche irgendein Verdienst geben könnte, und wenn man ihm die Weisen der Antike entgegenhielt, »Ich bin sicher«, sagte er, »dass Gott ihnen, vor ihrem Tod, die Gnade erwies, sie auf die eine oder andere Weise zu Christen zu machen.« Seit Epiphanius hat es gewiss keinen Mann gegeben, der sich mehr über die Häresie empörte. Allein der Gedanke an die Häresie ließ ihn toben vor Wut, und »er konnte keinen Jansenisten sehen« (das sind seine eigenen Worte), »ohne ihn erwürgen zu wollen«.

In den letzten Jahren seines Lebens verließ Cruchard, der sehr starkleibig geworden war, kaum noch sein Studierzimmer, und seine geistigen Kräfte, das müssen wir eingestehen, hatten beträchtlich nachgelassen. Er hatte sich jedoch seinen unverwüstlichen Frohsinn bewahrt und stellte ihn wenige Stunden vor seinem Tod ein letztes Mal unter Beweis, denn er sagte, über seinen Namen scherzend: »Ich fühle, dass der Krug bald ganz und gar bricht.«

Es sei mir gestattet, diese letzte Bemerkung nun meinerseits aufzugreifen und gemeinsam mit allen, die dir nahestanden, zu versichern, »du warst, o Cruchard, ein auserwähltes Gefäß«.

Anhang

Nachwort

Intimes und Persönliches
Flaubert und die Autobiographie

Gustave Flauberts Verhältnis zum Autobiographischen ist mehrdeutig. Bekannt ist seine schroffe Ablehnung alles Bekenntnishaften, wie in dem Brief an Mademoiselle Leroyer de Chantepie vom 18. März 1857: »Es ist eines meiner Prinzipien, dass man nicht *von sich selber schreiben darf*«, oder an die Geliebte Louise Colet vom 26. August 1853: »Schluss, das heißt Schluss und zwar für immer mit dem *Persönlichen*, dem Intimen, dem Relativen. Der alte Plan, später einmal meine Erinnerungen zu schreiben, hat mich verlassen. Nichts, was meine Person betrifft, reizt mich.« Das aber war nicht immer so, und um mit etwas »Schluss« zu machen, muss es zuvor auch einmal existiert haben. Der Flaubert, der sich hier so apodiktisch äußert, ist ein noch unveröffentlichter Schriftsteller, und sein erster Roman, *Madame Bovary*, wird erst drei Jahre später vollendet sein und im April des Schlüsseljahres 1857 erscheinen. Nach seinem Tod dann wird seine Nichte und Erbin Caroline Franklin Grout jene aberhundert Seiten veröffentlichen, die heute als *Œuvres de jeunesse* wesentlicher Bestandteil seines Werkes sind. Von diesen aber sind nicht wenige tatsächlich autobiographischer Natur: Aufzeichnungen, Tagebücher, aber auch literarische Versuche, die ganz offenkundig eigenes Erleben verarbeiten.

Am 22. Januar 1842 schrieb der Student der Rechte Flaubert seinem früheren Lehrer Gourgaud-Dugazon einen Brief, um ihm seine Lage zu erklären. Gewiss würde er es zu einem bürgerlichen Beruf bringen, doch »gestehe ich Ihnen, dass ich mich innerlich auflehne und dass ich mich für dieses materielle und triviale Leben nicht geschaffen fühle«. Dagegen setzte er nur seine »Idée fixe: *schreiben!*« Und Flaubert fuhr fort: »Hier also, was ich beschlossen habe. Ich habe drei Romane im Kopf, drei Erzählungen ganz verschiedener Art, von denen jede eine ganz besondere Form des Schreibens verlangt. Das reicht, damit ich mir selbst beweisen kann, ob ich Talent habe oder nicht. / Ich werde alles hineinlegen, was ich an Stil, Leidenschaft, Geist hineinlegen kann, und dann sehen wir. / Ich glaube, im April kann ich Ihnen etwas zeigen. Es ist diese sentimentale und verliebte Ratatouille, von der ich Ihnen erzählt habe. Die Handlung ist völlig belanglos. Ich könnte Ihnen keine Analyse von ihr machen, denn sie besteht selbst nur aus psychologischen Analysen und Sektionen. Vielleicht ist das sehr schön, doch ich habe Angst, dass es falsch und reichlich aufgeblasen und geschraubt ist.«

Diese Sätze zeigen bereits den reifen Flaubert mit seiner Ablehnung des Anekdotischen, seiner Betonung von Sprache und Stil. Auf der anderen Seite ist die Aussage jedoch durchaus merkwürdig, denn mit der »sentimentalen und verliebten Ratatouille« meint Flaubert *Novembre*, seinen ersten wirklich durchgearbeiteten Text in Romanlänge, und dessen »völlig belanglose« Handlung ist nichts anderes als das eigene Leben. Seit 1838 hatte sich Flaubert dem autobiographischen Stoff zugewandt und aus ihm drei umfangreiche, romanartige Texte geschaffen: *Les Mémoires d'un fou* von 1838, *Novembre* von 1842 und *L'Éducation sentimentale* von 1845. Wie wichtig dem Autor dieser Lebensstoff mit seinen immer wiederkehrenden, variierten Schlüsselszenen blieb, zeigt gerade, dass er nach der frühen *Éducation sentimentale* unter dem gleichen Titel im Jahre 1869 sein zweites Meisterwerk publizierte – ein vollständig anderes Buch, das dennoch Grundmotive des Jugendwerks verwandelt aufnimmt.

Ein Vergleich zwischen den beiden, der ersten und der zweiten, großen *Éducation sentimentale* könnte die grundsätzliche Veränderung in seinem autobiographischen Schreiben sehr gut beleuchten; resümiert hat Flaubert diese in einem Brief an den engen Freund Louis Bouilhet vom 24. August 1853: »Der Müßiggang, in dem ich seit einiger Zeit lebe, gibt mir ein brennendes Verlangen, alles, was *von mir* kommt, alles, was ich gefühlt habe, durch Kunst zu verwandeln.« Das ist es: die vollkommene Verwandlung des Intimen und Persönlichen in Kunst. Der subjektive Stoff wird dabei allein für den Autor noch erkennbar sein. Auf diese Weise näherte sich Flaubert dann seinem Plan, das eigene Erleben als das Erleben seiner ganzen Generation zu erzählen: als die »Geschichte einer Jugend«, wie die große *Éducation sentimentale* im Untertitel heißt, als den Bildungsroman eines durchschnittlichen Zeitgenossen, als den Desillusionsroman des 19. Jahrhunderts. »Nichts, was meine Person betrifft, reizt mich«, hatte er einst geschrieben; jetzt hatte er dieses Persönliche so weit verallgemeinert, dass die wirklich intimen Details in der Tat fast »völlig belanglos« geworden waren.

Zu diesem Bild gehört es, dass es in Gustave Flauberts reifer Zeit autobiographische Aufzeichnungen im engen Sinne nicht mehr gibt – umso bemerkenswerter, dass unter den vier kürzlich aufgetauchten unbekannten Texten drei tatsächlich ganz eng autobiographischer Natur sind: *Alfred* von 1848, *Ball zu Ehren des Zaren* von 1867 und *Mein armer Bouilhet* von 1869. Nur der erste, *Alfred*, würde von der Chronologie unter die *Œuvres de jeunesse* zählen; *Ball zu Ehren des*

Zaren und *Mein armer Bouilhet* wurden sogar lange nach Erscheinen des zweiten Romans *Salammbô* niedergeschrieben. Und der vierte Text, *Leben und Werke des Paters Cruchard* von 1873, ist seinerseits ein vieldeutiges Spiel von Biographie und Fiktion. So klein sie sind, vermögen diese Funde das Bild Flauberts tatsächlich zu modifizieren: Die apodiktische Aussage, »dass man nicht *von sich selber schreiben* darf« galt nicht ganz so apodiktisch, wie sie ausgesprochen wurde – zumindest solange dieses Schreiben nicht für die Öffentlichkeit, sondern nur für die eigene, ganz intime Selbstvergewisserung und damit für die Schublade bestimmt war. Im Manuskript von Caroline Franklin Grouts Erinnerungen *Heures d'autrefois* findet sich im Zusammenhang mit *Ball zu Ehren des Zaren* eine Notiz über Flauberts »Gewohnheit, zunächst einmal seine tiefsten Eindrücke für sich allein aufzuschreiben im Augenblick, da er sie empfindet, und sie in versiegelte Umschläge zu stecken«, das habe er »beim Tod von Alfred Le Poittevin – ich glaube auch beim Tod seiner Schwester – beim Tod von Louis Bouilhet« getan. Zwei dieser drei Aufzeichnungen sind nun zum Vorschein gekommen.

Die drei Namen, die Caroline nennt – Alfred Le Poittevin, Caroline Flaubert, Louis Bouilhet – finden sich nicht zufällig beieinander: Niemand stand ihm in Kindheit und Jugend näher als die Schwester Caroline; Alfred Le Poittevin und Louis Bouilhet waren seine engsten Freunde, durch die er sich noch nach Carolines Tod mit seiner Jugend verbunden fühlte. Was die Freunde einander bedeuteten, zeigen die wechselseitigen Widmungen ihrer Werke: Flaubert widmete Alfred Le Poittevin *Agonies, Les Mémoires d'un fou* sowie postum die letzte, publizierte Fassung von *La Tentation de saint Antoine. Madame Bovary* ist Louis Bouilhet gewidmet, Bouilhets *Melaenis* Flaubert. Als dritter Freund, von dem im Folgenden auch überall die Rede sein wird, kam seit 1843 noch Maxime Du Camp hinzu; als Herausgeber der *Revue de Paris* veröffentlichte er 1856 *Madame Bovary* im Vorabdruck, seine Streichungen beschädigten die Freundschaft nachhaltig. Über ihn hat Flaubert nicht geschrieben; Du Camp hat Flaubert überlebt und ihn seinerseits in seinen *Mémoires littéraires* porträtiert, nicht ganz frei von Neid, denn obwohl er selbst als Mitglied der Académie française Ruhm und Ehre erlangt hatte, spürte er doch, wer der Größere war. Dass Flaubert nicht über ihn, sondern nur über Alfred Le Poittevin und Louis Bouilhet geschrieben hat, liegt gewiss nur daran: an seinem Überleben. Nur der Tod der ihm am nächsten stehenden Personen ließ Flaubert sein »Prinzip, dass man nicht *von sich selber schreiben* darf« vergessen. Der Verlust bewegte ihn, das Unwiederbringliche wenigstens in Worten festzuhalten.

Neues von Flaubert
Ein Fund

Es geschieht nicht häufig, dass von einem so berühmten Autor wie Flaubert heutigentags – von Briefen einmal abgesehen – noch völlig unbekannte Texte auftauchen, doch vor wenigen Jahren erhielt das Centre Flaubert an der Universität Rouen Kenntnis von einem höchst überraschenden und die Flaubert-Forscher Yvan Leclerc und Matthieu Desportes wohl zutiefst beglückenden Fund. Bernard Molant legte ihnen aus dem Nachlass seiner Eltern ein »Dossier Flaubert« vor, das erstaunliche Dinge enthielt: Briefe von Flaubert, darunter fünf bis dahin unveröffentlichte (mittlerweile im 5. und letzten Band der Flaubertschen *Correspondance* in der Bibliothèque de la Pléiade 2007 erschienen), Briefe von Flauberts Schwester Caroline und von seiner Nichte Caroline, handschriftliche Erinnerungen Carolines über ihren Onkel, Photographien und noch anderes mehr, vor allem jedoch ein Konvolut mit sechs Texten, betitelt »Inédits de G. Flaubert«. Bei den Briefen und Texten Flauberts handelte es sich jedoch nicht um Autographen, sondern um Abschriften, größtenteils von der Hand seiner Nichte Caroline.

Die am 21. Januar 1846 geborene Caroline Hamard wuchs, nachdem ihre Mutter an Kindbettfieber gestorben war, bei ihrer Großmutter und ihrem Onkel Gustave Flaubert auf, und sie wurde nach dessen Tod seine Erbin und Nachlassverwalterin. Caroline Hamard, die 1864 Ernest Commanville und 1900 Franklin Groult heiratete, kümmerte sich – nicht zur ungetrübten Freude der Flaubertianer – fünfzig Jahre lang um den Nachlass ihres Onkels, besorgte erste (diskret bearbeitete) Briefausgaben und veröffentlichte unter anderem auch den unvollendet gebliebenen Roman *Bouvard et Pécuchet*. Es ist also keineswegs verwunderlich, dass sie im Hinblick auf geplante Publikationen Abschriften von Texten Flauberts anfertigte. Als sie 1931 in Antibes starb, wurden die in ihrem Besitz befindlichen Manuskripte und Dokumente bei zwei großen Versteigerungen (Antibes 28., 29., 30. April 1931 und Paris, Hôtel Drouot 18., 19. November 1931) in alle Himmelsrichtungen verstreut. Vieles, was in den Auktionskatalogen verzeichnet war, ist seither nie wieder aufgetaucht.

Besondere Aufmerksamkeit verdienten deshalb die sechs Texte, die in Bernard Molants Fund zum Vorschein kamen. Unter dem Titel »Inédits

de G. Flaubert / en vue d'une plaquette (Unver-
öffentlichtes von G. Flaubert / für ein geplantes
Bändchen)« hatte Caroline auf einem Deckblatt
folgende Texte aufgelistet:

> *Souvenirs et Impressions (Erinnerungen und Ein-
> drücke).*
> *Biographie du R. P. Cruchard (Biographie des Paters
> Cruchard).*
> *Bal donné au Czar, 1867 (Ball zu Ehren des Zaren,
> 1867).*
> *Alfred, 4-5-6 avril 1848 (Alfred, 4.-5.-6. April
> 1848).*
> *Mon pauvre Bouilhet. 19-20-21 et 22 juillet 1869
> (Mein armer Bouilhet. 19.-20.-21. und 22. Juli
> 1869).*
> *Le Chant de la courtisane (Das Lied der Kurtisane).*

Als Yvan Leclerc und Matthieu Desportes diese
sechs Texte in Augenschein nahmen, stellten sie
fest, dass zwei bekannt und bereits veröffentlicht
waren. Das Originalmanuskript von *Erinnerungen
und Eindrücke* befindet sich in der Bibliothèque
Nationale de France und wurde zunächst unter
dem Titel *Souvenirs, notes et pensées intimes*, dann
zuletzt in dem Band *Œuvres de jeunesse* in der Bibliothèque de la Pléiade 2001 als *Cahier intime de
1840-1841* abgedruckt. *Das Lied der Kurtisane*, ein

Prosagedicht, das während oder unmittelbar nach Flauberts Orientreise im Jahre 1851 entstanden sein dürfte, ist im Besitz der Fondation Bodmer in Genf und wurde 1928 als Faksimile gedruckt. Die vier verbleibenden Texte publizierten die Flaubert-Forscher 2005 in einem ausführlich kommentierten Band mit dem Titel *Vie et travaux du R. P Cruchard et autres inédits*, er bildet die Grundlage der vorliegenden Ausgabe.

Natürlich stellt sich die Frage, wie vertrauenswürdig die Abschriften von Flauberts Nichte sind. Immerhin ist hinlänglich bekannt, dass sie in den von ihr besorgten Ausgaben Briefe bearbeitete und aus Prüderie umschrieb. Bei den zwei Texten aus Bernard Molants Konvolut, die es auch als Autographen gibt, zeigt der Vergleich nur kleine Abweichungen in der Zeichensetzung, in der Wortstellung, leichte Eingriffe in den Stil sowie einige Flüchtigkeits- oder Lesefehler. Alles in allem sind Carolines Abschriften jedoch zuverlässig. Auch bei den vier Texten, für die keine Originalmanuskripte verfügbar sind, lassen sich zumindest Stichproben machen: In drei Artikeln von Jean Thomas für *Le Figaro littéraire* (14. April, 12. Mai und 5.-6. September 1942) finden sich Auszüge aus den Texten über Alfred Le Poittevin und Louis Bouilhet, die ihm damals offenbar zugänglich waren. Dem Manuskript von Carolines Erinnerungen *Heures d'autrefois* liegen auch fünf Blätter mit Passagen aus dem *Ball zu Ehren des Zaren* bei, die sie wahrscheinlich für einen geplanten Aufsatz über sich und ihren Onkel abgeschrieben hatte. Und schließlich wusste man aus dem Briefwechsel Flaubert-George Sand, dass es eine »Biographie von *Cruchard*« gab, und aus der detaillierten Beschreibung samt Inhaltsangabe im Katalog der Versteigerung vom 18., 19. November 1931, dass ein sechsseitiges Manuskript mit dem Titel *Leben und Werke des Paters Cruchard* angeboten wurde. Inzwischen hat sich auch herausgestellt, dass es bereits zwei, wenn auch sehr unauffällige Veröffentlichungen dieses Textes gegeben hat, nämlich in der Nummer 16 der Zeitschrift *Confluences* vom Januar 1943 und zwei Monate später in der Nummer 37 von *Voici, La France de ce mois*. Diese beiden, ebenfalls von Jean Thomas besorgten Publikationen weisen zwar einige Varianten auf, für eine Übersetzung sind sie jedoch nicht weiter von Belang.

Abschied von der Jugend
Alfred

Man kannte bisher den bewegenden Brief, den Gustave Flaubert am Freitag, dem 7. April 1848, einen Tag nach dem Begräbnis seines Freundes

Alfred Le Poittevin, an Maxime Du Camp in Paris geschrieben hatte: »Alfred ist am Montagabend gestorben, um Mitternacht. Ich habe ihn gestern begraben, und ich bin wieder zurückgekommen. Ich habe zwei Nächte bei ihm gewacht (die letzte Nacht ganz), ich habe ihn in sein Laken gehüllt, ich habe ihm den Abschiedskuss gegeben, und ich habe gesehen, wie sein Sarg zugelötet wurde. Ich habe zwei Tage dort verbracht ... lange Tage.«

Flaubert und der fünf Jahre ältere Le Poittevin kannten sich seit Kindheitstagen, ihre Eltern waren befreundet, die Mütter hatten gemeinsam ein Internat in Honfleur besucht, die beiden Jungen waren auf der gleichen Schule gewesen, dem Collège Royal in Rouen, und nach dem Abitur studierten sie Jura. Vor allem aber verband sie das Interesse für Literatur, die dichterischen Ambitionen und nicht zuletzt ihre jugendlichen Eskapaden und Phantastereien. Ein Brief Flauberts aus dem Schuljahr 1837-1838 sowie Briefe Le Poittevins aus den Jahren 1842 und 1843 sprechen eine so krude Sprache, dass sie lange Zeit nicht veröffentlicht wurden. Nur fünfzehn Briefe Flauberts an Le Poittevin sind erhalten, neben dem bereits erwähnten ausschließlich Briefe von 1845 und dem Frühjahr 1846. Frühere Briefe dürfte Alfred Le Poittevin vernichtet haben: Der Austausch detailreicher Schilderungen von tatsächlichen oder imaginierten Bordellbesuchen, den die jungen Freunde eine Zeitlang pflegten, war dem erwachsenen Mann offenbar peinlich.

Zum Kreis der beiden Freunde gehörten auch Flauberts 1824 geborene Schwester Caroline und Alfreds Schwester Laure sowie die Geschwister Louise und Gustave de Maupassant. Tiefgreifende Veränderungen in diesen jugendlichen Beziehungen traten 1846 ein. Das Jahr begann mit zwei schweren Schicksalsschlägen für den vierundzwanzigjährigen Flaubert: Am 15. Januar starb sein Vater und gut zwei Monate später, am 22. März, seine Schwester Caroline, die ihm sehr nahe gestanden hatte. Erst vor einem Jahr hatte Caroline Émile Hamard geheiratet, einen Schulkameraden ihres Bruders und »die Vulgarität in Person«, wie Flaubert noch Jahre später urteilen sollte. Und nun wollte auch sein bester Freund Alfred heiraten – ohne ihn vorher um Rat gefragt zu haben. Flaubert empfand diese Hochzeit nicht nur als Verrat an ihrer Freundschaft, sondern als Aufkündigung all ihrer hochfliegenden Pläne in Sachen Literatur: »Bist Du sicher, o großer Mann, am Ende nicht doch ein Bürger zu werden? Ich verband dich mit allen meinen künstlerischen Hoffnungen. Aus diesem Grund schmerzt es mich«, schreibt Flaubert am 31. Mai seinem

»*Carissimo*«. Schon am 6. Juli 1846 werden Alfred Le Poittevin und Louise de Maupassant heiraten und nur wenige Monate später Laure Le Poittevin und Gustave de Maupassant.

Alfred Le Poittevin starb bereits mit 31 Jahren, wahrscheinlich an den Folgen einer Syphilis und an Alkoholismus. Für Flaubert war er zu diesem Zeitpunkt schon längst tot: »Auf was für Reisen ins Blaue hat er mich entführt! und wie habe ich ihn geliebt! Ich glaube sogar, dass ich niemanden (weder Mann noch Frau) so geliebt habe wie ihn. Als er heiratete, hat mich tiefe Eifersucht gequält; etwas ist zerbrochen, ausgerissen worden! Für mich ist er zweimal gestorben«, gestand Flaubert Alfreds Schwester Laure viele Jahre später, in einem Brief vom 8. Dezember 1862. Das monatelange Dahinsiechen des Untreuen – »er hat mich verlassen, er hat geheiratet« (Brief an Louise Colet vom 10. August 1847) – verfolgt er mit Anteilnahme und einer gewissen Distanz, der tote Alfred hingegen wird wieder sein Alfred, den er durch die Zeremonie der Totenwache und des Abschieds zurückgewinnt. So ist wohl das »Ich habe ihn gestern begraben … « zu verstehen, wenigstens zwei Nächte lang hat Alfred noch einmal ihm ganz allein gehört.

Einen Tag nach dem Brief an Du Camp verspürte Flaubert das Bedürfnis, noch einmal – und diesmal nur für sich allein – Rechenschaft abzulegen über das in der zurückliegenden Woche Erlebte. Seine Notizen erzählen das Gleiche wie der Brief an Du Camp, aber sie wirken unmittelbarer, näher durch ihren chronologischen Ablauf, den Telegrammstil, die Sprödigkeit und Trockenheit des Berichts, den offenkundigen Willen, alles, jedes noch so kleine Detail, auch das Groteske, Komische, Hässliche, Abstoßende, festzuhalten und es nie wieder zu vergessen. Wie tief sich die Bilder von Alfreds Begräbnis in Flauberts Gedächtnis eingeprägt haben, merkt man, wenn man die Kapitel 9 und 10 des dritten Teils von *Madame Bovary* aufmerksam liest. Man stößt darin auf erstaunlich viele Parallelen und zum Teil wortwörtliche Übereinstimmungen: der den Tod witternde und deshalb bellende Hund, das im Zimmer der Aufgebahrten als Desinfektionsmittel ausgestreute Chlor oder das Dienstmädchen, das eine Haarlocke der Verstorbenen holen kommt. Den Sarg, der auf dem Weg zum Friedhof wie ein Schiff auf den Wellen schaukelt, erwähnt Flaubert auch in seinem Brief an Maxime Du Camp, ebenso die Empörung eines der Trauergäste über den rauchenden Freund. Diese letzte Szene taucht, nur leicht verwandelt, in *Madame Bovary* wieder auf: »Vater Rouault rauchte auf dem Heimweg seelenruhig Pfeife; was Homais insgeheim unschicklich fand.«

Die Zuneigung zu Alfred Le Poittevin übertrug Flaubert später nicht auf dessen Sohn Louis, der beim Tod des Vaters noch kein Jahr alt war, sondern auf den 1850 geborenen Neffen Guy de Maupassant. An die Jugendfreundin Laure Le Poittevin, verehelichte de Maupassant, schreibt er am 23. Februar 1873: »Seit einem Monat wollte ich Dir schreiben, um Dir eine Zärtlichkeitserklärung für Deinen Sohn zu machen. Du kannst Dir gar nicht vorstellen, wie reizend, intelligent, liebenswürdig, vernünftig und geistreich, kurz gesagt (um ein Wort zu gebrauchen, das in Mode ist), wie sympathisch ich ihn finde! Trotz des Altersunterschieds zwischen uns betrachte ich ihn als ›Freund‹, und außerdem erinnert er mich so an meinen armen Alfred! Manchmal erschrecke ich sogar darüber, vor allem wenn er den Kopf senkt und Verse rezitiert. Was für ein Mann war das! Er ist unvergleichlich geblieben in meiner Erinnerung. Kein Tag vergeht, ohne dass ich an ihn denke.«

Ein Bär als Weltmann
Ball zu Ehren des Zaren

Am 1. April 1867 wird zum zweiten Mal eine Weltausstellung in Paris eröffnet, die Attraktionen dieses Jahres sind die allerersten Aufzüge und die

Vergnügungsdampfer auf der Seine, die schnell berühmt gewordenen *bateaux-mouches*. Sechs Millionen Besucher werden erwartet, die den wissenschaftlichen und technischen Fortschritt bestaunen und bei dieser Gelegenheit der französischen Hauptstadt zu neuem internationalen Glanz verhelfen sollen. Für den *Paris-Guide*, einen mehrbändigen Führer zu dem Großereignis, hat sogar Victor Hugo aus seinem Exil auf Guernsey ein Vorwort beigesteuert. Napoleon III., seit 1852 Kaiser der Franzosen, braucht für sein Regime dringend neue innen- und außenpolitische Erfolge: Seit Mitte der sechziger Jahre wächst die Unzufriedenheit mit dem Bonapartismus, und in Europa haben sich die Spannungen zwischen den Großmächten deutlich verschärft. Napoleon III. versucht zwischen dem alten Verbündeten Österreich und dem erstarkenden Preußen zu lavieren, doch alles scheint bereits auf die Katastrophe von 1870 zuzusteuern. Kein Wunder also, dass der Kaiser die Weltausstellung für ein diplomatisches Gipfeltreffen nutzt. Am konfliktfreisten sind zu diesem Zeitpunkt noch die Beziehungen zu Russland, aus diesem Grund wohl lädt Napoleon III. für Anfang Juni 1867 Zar Alexander II. als Ehrengast nach Paris; zu den großangelegten Feierlichkeiten mit offiziellen Delegationen, Stadtbesichtigungen, Theaterbesuchen und

Bällen gesellen sich auch König Wilhelm I. und sein Minister Bismarck. Nicht nur Haussmanns schnurgerade, breite Avenuen, die prächtigen Bürgerhäuser, die neue Oper, die umgebaute Nationalbibliothek und der erweiterte Louvre sollen die Gäste beeindrucken. Alles, was die kulturelle Ausstrahlung Frankreichs vermehren kann, wird aufgeboten.

»Da mich die Hoheiten als eine der glanzvollsten Sehenswürdigkeiten Frankreichs zu bestaunen wünschen, bin ich eingeladen, am kommenden Montag den Abend mit ihnen zu verbringen«, schreibt Flaubert in gewohnter Ironie am Freitag, dem 7. Juni, seiner Nichte Caroline. Der seit *Madame Bovary* (1857) und *Salammbô* (1862) berühmte, für manchen sogar berüchtigte Schriftsteller teilt sein Leben und Arbeiten zwischen Croisset bei Rouen und der Kapitale, wo er seit 1856 eine Wohnung am Boulevard du Temple Nr. 42 gemietet hat. Der Eremit von Croisset, der sich gern als »Höhlenbär« bezeichnet, kommt regelmäßig nach Paris, verkehrt in bekannten Salons, zum Beispiel bei Prinzessin Mathilde, der Cousine des Kaisers, und in literarischen Kreisen. Legendär sind die Abendessen mit dem Kritiker Sainte-Beuve, mit Hippolyte Taine, den Brüdern Jules und Edmond de Goncourt, Théophile Gautier, Ivan Turgenev und zuweilen auch George

Sand bei *Magny*, einem sehr beliebten Restaurant des Zweiten Kaiserreichs in der Nr. 9 der Rue de la Contrescarpe-Dauphine, die seit 1867 Rue Mazet heißt.

Flaubert ist den Umgang mit hohen Persönlichkeiten durchaus gewöhnt, im November 1864 war er sogar zu einem längeren Besuch in die kaiserliche Residenz nach Compiègne eingeladen. Doch er ist gewiss kein Höfling, aufrichtige Wertschätzung empfindet er nur für Prinzessin Mathilde, vom politischen Tagesgeschäft hält er sich fern, und mondäne Einladungen wecken eher sein ethnologisches Interesse. »Ich habe meine Reise nicht bereut. Ich habe mich in den Tuilerien aufs Beste vergnügt. Ich habe dort großartige Studien betrieben, mein lieber Alter«, schreibt er bei seiner Rückkehr nach Croisset am 12. Juni an den Freund Jules Duplan in Paris, und fügt hinzu: »Denn ich verstaute unverzüglich alles, was ich sah, und alles, was ich spürte, in einem Winkel meines Gedächtnisses, um mich bei passender Gelegenheit zu bedienen.« Seit September 1864 schreibt Flaubert an der *Éducation sentimentale*, seinem dritten großen Roman, der im November 1869 erscheinen wird. Im Juni 1867 ist er mit der Arbeit zwar schon ziemlich weit fortgeschritten, sammelt aber noch Unterlagen und Dokumente für verschiedene Szenen. Er nutzt den Aufenthalt in Paris, um »Informanten« wie zum Beispiel seinen langjährigen Freund Jules Duplan zu besuchen oder sich im *Café Anglais* eine Speisekarte von 1847 zu besorgen, denn sein Roman spielt zum größten Teil in der Zeit des Bürgerkönigs Louis-Philippe, zwischen 1840 und der Revolution von 1848.

Der Ball zu Ehren des Zaren hingegen könnte ihm bereits wertvolle Eindrücke und Anregungen liefern für einen neuen Plan, denn Flaubert trägt sich, wenn auch nur sehr vage, mit dem Gedanken, einen Roman über das Zweite Kaiserreich zu schreiben, »ein großes Buch in drei Teilen, das den Titel ›Unter Napoleon III.‹ tragen soll«, wie er am 14. Juli 1874 an Edma Roger des Genettes schreiben wird. Dieses Vorhaben wird jedoch immer wieder hinausgeschoben; nach *Bouvard et Pécuchet* wolle er sich an die Arbeit von *Sous Napoléon III* oder, so der neue Titel, *Un ménage parisien* machen, vertraut er am 27. Mai 1878 wiederum Edma Roger des Genettes an, aber bis zu seinem Tod entstehen schließlich nur einige wenige Entwürfe und Skizzen. Die lange Auflistung von Persönlichkeiten, die er am Abend des 10. Juni im Tuilerienschloss sieht, sowie die genaue Beschreibung der Örtlichkeiten und Dekorationen, die sich mit zeitgenössischen Darstellungen deckt, legen durchaus die Vermutung nahe, dass die Notizen über den Ball ein erster kleiner Vorrat für eine umfassendere Materialsammlung sein sollten. Ein Vorrat, den er nicht nur in einem Winkel seines Gedächtnisses verstaute, sondern nach alter Gewohnheit wahrscheinlich in einen versiegelten Briefumschlag steckte.

Auch verschiedenen Freunden berichtet Flaubert von seinem Ball-Erlebnis, am ausführlichsten der »lieben Meisterin« George Sand in Nohant. Wie schon bei dem Brief an Maxime Du Camp vom 7. April 1848 über das Begräbnis von Alfred Le Poittevin überschneidet sich auch der Brief an Sand vom 12. Juni stark mit den Aufzeichnungen für den persönlichen Gebrauch, allerdings sind die Zeilen an die Freundin wie stets mit einem ironischen Ton unterlegt: »Ich habe Anfang dieser Woche 36 Stunden in Paris verbracht, um an dem Ball in den Tuilerien teilzunehmen. Ganz ohne Scherz, es war grandios.« Sein Urteil über Alexander II. ist knapp und vernichtend: »Der russische Zar hat mir zutiefst missfallen. Ich fand ihn grobklotzig«, und die gute Pariser Gesellschaft, die diesem »pignouf« ihre Reverenz erweist, wird mit Hohn bedacht: »Als Parallele zu Herrn Floquet, der ohne die geringste Gefahr ›Es lebe Polen‹ schreit, haben wir *feine* Leute, die sich im Élysée eintragen lassen. – Oh! was für eine tolle Zeit!« Nur gegenüber Prinzessin Mathilde, der er die Einladung sicherlich zu verdanken hat, zeigt er sich Anfang Juli wie immer galant: »Der Ball in den Tuilerien bleibt in meiner Erinnerung etwas Märchenhaftes, ein Traum. Vermisst habe ich dabei nur, Sie aus größerer Nähe zu sehen und mit Ihnen sprechen zu können.« Sein Fazit über die Weltausstellung auf dem Champ de Mars hingegen hatte er George Sand bereits am 6. Mai kundgetan: »Man fühlt sich dort sehr weit von Paris entfernt, in einer neuen und hässlichen Welt, in einer ungeheuren Welt, die vielleicht die der Zukunft ist. – Als ich das erste Mal dort zu Mittag aß, dachte ich die ganze Zeit an Amerika und hatte Lust, wie ein Neger zu reden.«

Der literarische Kompass
Mein armer Bouilhet

Louis Bouilhet, geboren am 27. Mai 1821 in Cany, unweit der Küste zwischen Fécamp und Dieppe, war ein Schulkamerad Flauberts vom Collège Royal in Rouen, der sein Medizinstudium aufgegeben hatte, um sich ganz der Literatur zu widmen. Seine dichterischen Werke *Melaenis, conte romain* (1851) und *Les Fossiles* (1854) fanden Beachtung, seine Dramen *Madame de Montarcy*

(1856) und *La Conjuration d'Amboise* (1866) hatten sogar Erfolg. Obwohl Flaubert und Bouilhet von 1834 bis 1840 dieselbe Klasse besuchten, wurden sie erst ab Sommer 1846 enge Freunde, nachdem Alfred Le Poittevin geheiratet hatte. »Er ist ein armer Bursche, der hier Privatstunden gibt, um zu überleben, und der ein Dichter ist, ein wirklicher Dichter, der großartige und bezaubernde Dinge schreibt und der unbekannt bleiben wird, weil ihm zwei Dinge fehlen: Brot und Zeit« – so charakterisierte ihn Flaubert in einem Brief vom 14.-15. August 1846 an Louise Colet, die er im Juni kennengelernt hatte und die seit kurzem seine Geliebte war. Er fügte noch hinzu, Bouilhet und er hätten ihre Gedichte gelesen und sie, Louise, bewundert.

Sehr schnell entwickelte sich zwischen Bouilhet und Flaubert eine intensive literarische Zusammenarbeit und eine kumpelhaft-derbe Männerfreundschaft, die auch in der rüden Sprache ihrer Briefe zum Ausdruck kommt. Dreiundzwanzig Jahre lang lasen sie einander ihre Arbeiten vor, waren sich gegenseitig erstes Publikum sowie – durchaus strenge – erste Kritiker, und sie schrieben gemeinsam sogenannte »scénarios«, Entwürfe, Szenenfolgen für Tragödien und Komödien, für komische Opern und vieles andere mehr. Ein hartes Training, dem sich die Freunde zum Beispiel in den Wintermonaten der Jahre 1847 und 1848 an drei Abenden pro Woche unterwarfen, eine »Arbeit, die nervenaufreibend war, die zu erfüllen wir uns aber fest vorgenommen hatten«, wie Flaubert am 15. April 1852 an Louise Colet schrieb, um sie zu größerer Sorgfalt bei ihrem eigenen Schreiben zu ermutigen.

Im Februar 1848 erlebten sie, gemeinsam mit Maxime Du Camp, in Paris die Revolutionstage, doch im Unterschied etwa zu George Sand, die sich begeistert engagierte, erschien den Freunden aus der Normandie das politische Gerede schnell grotesk und lamentabel. Im April des gleichen Jahres, während die Revolution noch weiter gärte, begruben sie Alfred Le Poittevin. Und im September 1849 fanden sich Du Camp und Bouilhet in Croisset ein, Flaubert hatte sie gerufen, um ihnen die eben abgeschlossene *Tentation de saint Antoine* vorzulesen, vier Tage lang, insgesamt zweiunddreißig Stunden, jeweils von Mittag bis vier und von acht Uhr bis Mitternacht. »Wir waren übereingekommen, mit unserer Meinung zurückzuhalten und sie erst auszusprechen, wenn wir das ganze Werk gehört hätten«, beschrieb Du Camp das Verfahren später in seinen *Souvenirs littéraires*. Das Urteil der literarischen Richter war gnadenlos: »Nach der letzten Lesung, gegen Mitternacht, schlug Flaubert mit der Faust auf den Tisch und sagte: ›Jetzt zu uns dreien, sagt mir offen, was ihr davon haltet.‹ Bouilhet war schüchtern, doch niemand konnte seine Gedanken entschiedener ausdrücken als er, wenn er nur einmal beschlossen hatte, sie mitzuteilen: ›Wir denken, du solltest das ins Feuer werfen und nie wieder davon reden.‹ Flaubert sprang auf und stieß einen Entsetzensschrei aus.« Erst 1874 sollte die inzwischen dritte und endgültige Fassung der *Tentation* erscheinen. Das literarische Tribunal hatte allerdings noch eine andere Folge: »Plötzlich sagte Bouilhet: ›Warum schreibst du nicht die Delaunay-Geschichte?‹ Flaubert hob den Kopf und rief freudig aus: ›Was für eine Idee!‹« Aus der Ehebruchsgeschichte, die in aller Munde war, machte Flaubert seine *Madame Bovary*, die er auch zum Dank für diese Jahrhundertidee dem Ratgeber widmete.

In kurzer Zeit war der für Rhythmus, Metrik, Satzmelodie begabte Bouilhet nicht nur zum unverzichtbaren Berater, sondern auch zum unverzichtbaren Freund Flauberts geworden. Als dieser Ende Oktober 1849 mit Maxime Du Camp zu einer langen Orientreise aufbrach, dauerte es nicht lange, bis er dem zurückgebliebenen Bouilhet zärtlich-nostalgische Briefe schrieb: »Ich denke an unsere Sonntage in Croisset, wenn ich das Knirschen des eisernen Gartentors hörte und wenn ich den Spazierstock, das Heft und dich auftauchen sah ... Wann werden wir unsere endlosen Gespräche am Kamin wieder aufnehmen, in meine grünen Sessel versunken ... Wie weit ist *Meloenis*? Und die Reisestücke? usw. usw.« (1. Dezember 1849 aus Kairo). Nach der Rückkehr von dieser Orientreise begann Flaubert im Herbst 1851 mit *Madame Bovary*, 1856 arbeitete er an einer zweiten Fassung der *Tentation de saint Antoine*, im September 1857 machte er sich an *Salammbô* und am 1. September 1864 schließlich an seine zweite *Éducation sentimentale* (die erste, zwischen 1843 und 1845 entstandene, veröffentlichte Caroline Franklin Grout 1910 aus dem Nachlass). In all diesen Jahren war Bouilhet der treue Begleiter des allmählich berühmt werdenden Flaubert. Noch in seinen letzten Lebensjahren und -monaten, als er bereits von der Krankheit geschwächt war, versah er seinen »Dienst«. Auch davon berichtet Flauberts Totenklage um den Freund, der das Erscheinen der *Éducation sentimentale* Mitte November 1869 nicht mehr erlebte.

Obwohl Bouilhet seit gut zwei Jahren über seinen sich rapide verschlechternden Gesundheitszustand klagte (grundlose Angst, Schlaflosigkeit, Krämpfe, Beklemmung, körperliche Schwäche), schien Flaubert die Zeichen nicht wirklich wahrhaben zu wollen, tat sie sogar ein wenig ab als

Hypochondrien, so als wollte er damit Alter und Krankheit und auch das eigene näher rückende Ende bannen. Deshalb trifft ihn Bouilhets Tod wie eine »schallende Ohrfeige« und stellt sogar das literarische Weiterleben in Frage: »Ich sage mir: ›Wozu jetzt noch schreiben, wo er nicht mehr da ist!‹ Es ist vorbei mit den schönen Brüllereien, den gemeinsamen Begeisterungen, den miteinander erträumten zukünftigen Werken«, heißt es in einem Brief an Jules Duplan vom 29. Juli 1869. Bouilhet war am Sonntag, dem 18. Juli gestorben, die Nachricht hatte Flaubert am 19. in Paris erreicht. Wie schon beim Tod von Alfred Le Poittevin begab er sich unverzüglich ins Haus des Verstorbenen, aber diesmal hatte er nicht die Kraft, Totenwache zu halten. Sie war auch nicht nötig als Akt der Rückeroberung. Das Begräbnis fand am Dienstag, dem 20., statt, und an den beiden darauffolgenden Tagen verfasste er, wie einundzwanzig Jahre zuvor bei Alfred, einen Nachruf auf den Freund für seinen ganz persönlichen Gebrauch. Der Nekrolog auf Alfred (der auffälligerweise immer nur mit einem Personalpronomen bezeichnet wird) war auch eine Art von Wiederaneignung, während die Zeilen über Bouilhet (der am Ende sogar mit »mein armer Freund! mein armer lieber Alter« angerufen wird) viel gefühlvoller, ja geradezu pathetisch sind.

Vor dem Nachruf auf Bouilhet schreibt Flaubert nur zwei kurze Briefe, und zwar noch am Abend des Begräbnisses: an die Prinzessin Mathilde und an George Sand. »Ich habe einen Teil meiner selbst unter die Erde gebracht, einen alten Freund, dessen Verlust unersetzbar ist!...«, sagt er der einen, und der anderen, mit der er einen burschikosen Umgangston pflegt: »Ich werde mich *hemmungslos in Verzweiflung stürzen*. Danach bin ich wieder im Lot! das hoffe ich wenigstens. Aber es ist hart! ein alter Freund, seit siebenunddreißig Jahren, der geht!...« Den ausführlichsten Brief erhält auch diesmal Maxime Du Camp, allerdings erst nach den Aufzeichnungen für sich selbst, doch wiederum überschneiden sich viele Passagen, Bilder und Einzelheiten. Nur eines verschweigt Flaubert: nämlich, dass in letzter Zeit eine Entfremdung zwischen ihm und Bouilhet eingetreten war, weil sie sich wechselseitig »biedermännisch« bzw. allzu »mondän« fanden. Auch die kränkende Vernichtung zahlreicher Briefe Flauberts an Bouilhet wird Du Camp nicht anvertraut. Dagegen erwähnt Flaubert die groteske Seite dieses Begräbnisses, dem zweitausend Personen inklusive zahlreicher Persönlichkeiten des öffentlichen Lebens beiwohnten: »Wirst Du mir glauben, dass ich, während ich seinem Sarg folgte, das Groteske der Zeremonie richtiggehend genoss? Ich hörte die Bemerkungen, die er darüber machte. Er sprach zu mir, in mir drinnen. Mir war, als ginge er an meiner Seite und wir folgten gemeinsam dem Leichenzug eines anderen.«

In den folgenden Jahren kümmerte sich Flaubert mit großem Einsatz um Bouilhets Werke, brachte *Mademoiselle Aïssé* auf die Bühne und besorgte 1872 auch die Veröffentlichung der *Dernières chansons*, begleitet von einem langen freundschaftlichen Vorwort. Bis zu seinem eigenen Tod kämpfte er verbissen um ein Denkmal für Louis Bouilhet in Rouen, das schließlich am 24. August 1882 enthüllt wurde. Die Literaturgeschichte hat den Autor Louis Bouilhet vergessen und dem Freund Flauberts ein eigenes Denkmal gesetzt.

Das ideale Erzbistum
Leben und Werke des Paters Cruchard

In der Zeit um 1838-1839 tauschen sich der junge Flaubert und sein Freund Ernest Chevalier über ihre Lektüren aus, unter den bewunderten Büchern finden sich auch *L'Uscoque* (1838) und *Jacques* (1834) der erfolgreichen und skandalumwitterten George Sand. Viele Jahre später, Flaubert arbeitet inzwischen an *Madame Bovary*, ist sein Urteil kritischer geworden. Er rät Louise Colet, sich beim Schreiben nicht allzu sehr von ihrer Weiblichkeit leiten zu lassen, ihr Geschlecht müsse ihr »als *Erkenntnis* dienen, nicht als Gefühlswallung«, und als warnendes Beispiel führt er an: »Bei G. Sand riecht man die weißen Blumen; es trieft, und die Gedanken fließen zwischen den Worten wie zwischen schlaffen Schenkeln. Man muss mit dem Kopf schreiben« (Brief vom 16. November 1852). Persönlich kennengelernt hat Flaubert die siebzehn Jahre ältere Sand Ende April 1857, bei einer Theaterpremiere im Odéon – in diesem Monat war *Madame Bovary* erschienen, und Anfang des Jahres hatte der Prozess um Flauberts Roman für große Aufregung gesorgt. Ihre nächste Begegnung fand zwei Jahre später statt, doch auch diesmal scheint zwischen ihnen der Funke nicht übergesprungen zu sein, allzu unterschiedlich waren die beiden Schriftsteller.

Umso erstaunter muss Flaubert gewesen sein, als am 27. Januar 1863 in der Tageszeitung *La Presse*, einem Blatt mit hoher Auflage, ein Artikel George Sands erschien, der ihn und seinen neuen Roman *Salammbô* vehement verteidigte. *Salammbô* war von der Kritik übel verrissen worden, *Le Figaro* hatte gar von epileptischem Stil gesprochen und Flauberts Äußeres verspottet. Flaubert bedankte sich bei Sand, und sie antwortete:

»Mein lieber Bruder, Sie müssen mir nicht dafür dankbar sein, dass ich eine Pflicht erfüllt habe. Sooft die Kritik ihre Pflicht tut, werde ich schweigen, weil ich lieber schaffe als urteile. Doch alles, was ich über *Salammbô* gelesen hatte, bevor ich *Salammbô* las, war ungerecht oder unzureichend. Schweigen hätte ich als Feigheit betrachtet, oder als Faulheit, was nicht viel Unterschied macht. Es ist mir gleichgültig, Ihre Gegner zu meinen Gegnern hinzuzählen zu müssen – ein paar mehr oder weniger... « (28. Januar). Worauf Flaubert am 31. der immer noch mit »Chère Madame« Angeredeten schreibt: »Ich bin Ihnen nicht dankbar, weil Sie etwas erfüllt haben, was Sie eine Pflicht nennen. Die Güte Ihres Herzens hat mich gerührt und Ihre Sympathie hat mich stolz gemacht. Das ist alles.« Und dann erklärt er rundweg: *»je vous aime bien franchement«*. Dies war der Beginn einer wunderbaren Freundschaft.

Von nun an schrieben sie einander regelmäßig und sahen sich, wenn Sand nach Paris kam bzw. nach Palaiseau, wo sie seit 1864 ein Haus besaß. Er nannte sie jetzt »liebe Meisterin«, und sie wechselte bald zum vertraulichen Du, worüber sich die Brüder Goncourt das Maul zerrissen. Im August und im November 1866 besuchte sie Flaubert und seine Mutter in Croisset, und der Umgangston zwischen dem »alten Troubadour« und dem »lieben Freund meines Herzens« wurde nicht nur immer herzlicher, sondern auch verspielter, kumpelhafter. Als George Sand im Mai 1868 nach Croisset kam, las Flaubert ihr bis zwei Uhr nachts dreihundert Seiten aus der gerade entstehenden *Éducation sentimentale* vor, und sie war begeistert. Den Einladungen nach Nohant bei La Châtre, in der tiefsten französischen Provinz, war Flaubert bisher mit allerlei Ausflüchten begegnet, doch zu Weihnachten 1869 – die *Éducation* war erschienen, von der Kritik verrissen und von Sand in *La Liberté* verteidigt worden – machte er sich auf den Weg. Immerhin konnte man bereits seit 1847 mit der Eisenbahn bis Châteauroux fahren, von dort waren es noch zweieinhalb Stunden in der Postkutsche, alles in allem eine gute Tagesreise. Aber Sands Familienbesitz war schon damals eine Legende: Hier hatten Chopin und Liszt komponiert, Delacroix gemalt, Balzac geschrieben, und hier lebte sie einen Teil des Jahres mit Sohn, Schwiegertochter und Enkelinnen, in diesem »dummen, glücklichen Haus« (Sand, 19. Dezember 1869), das einiges zu bieten hatte.

In Nohant wurde nicht nur mit Leidenschaft Marionettentheater gespielt, es gab auch eine regelrechte Bühne mit Zuschauerraum, auf der für Freunde, Nachbarn und Dienstboten richtige oder auch improvisierte Stücke gespielt wurden.

Dieses Theater musste Flaubert an das Billardzimmer seiner Kindheit erinnern, wo er mit seiner Schwester Caroline und dem Nachbarjungen Ernest Chevalier selbstgeschriebene Stücke aufführte. Bereits im Juli 1867 hatte er George Sand angekündigt: »Bouilhet und ich haben das Szenarium für eine *burleske* Komödie geschrieben, die auf der Bühne von Nohant sehr hübsch zu spielen wäre.« Es dürfte sich um die schlüpfrige, antiklerikale Posse *La Queue de la poire de la boule de Monseigneur* handeln, von der leider nur ein Entwurf erhalten ist. Darin finden sich Figuren, die seit Anfang des Jahres 1860 regelmäßig in den Briefen Bouilhets und Flauberts auftauchen, Figuren, in die sie selber schlüpfen und die ihnen als Masken dienen. Bouilhet erhielt den Titel Monsignore, »wegen seiner stattlichen Erscheinung und seiner ein wenig Segen spendenden Allüren«, erklärte Caroline Franklin Grout in der 1906 von ihr besorgten Ausgabe *Lettres à sa nièce Caroline*. »Dieser Spitzname führte zur Schaffung eines idealen Erzbistums. Darin gab es den Generalvikar, nämlich meinen Onkel; den Abbé Bougon, Pfarrer im Armenviertel; einen Missionar, den Abbé Serpet; Zéphyrin, Neffe von Mlle Placidie, der Weißnäherin; Onuphre, Monsignores Kammerdiener, und noch viele andere. Mehrere Jahre lang war dieser humoristische Spaß für meinen

Onkel, der solchen Schabernack ungeheuer liebte, eine Quelle der Heiterkeit: die Eingeweihten
amüsierten sich wie er.«

Bei einem weiteren Besuch Flauberts in Nohant vom 12. bis zum 20. April 1873 – diesmal
kam er mit Ivan Turgenev – trat ein neuer Geist-
licher auf die Bühne, nämlich Pater Cruchard.
Unmittelbar nach der Rückkehr schrieb Flaubert
aus Paris: »Ihre beiden Freunde Turgenev und
Cruchard haben [...] von Nohant bis Châteauroux
philosophiert, in Ihrem Wagen auf angenehms-
te Weise dahingetragen, im lockeren Trab zwei-
er braver Pferde.« Er schloss seinen Brief mit:
»G. FLAUBERT, anders gesagt, Pater Cruchard
von den Barnabiten, Beichtvater der Schwestern
von der Enttäuschung«. Doch Cruchard hatte
nicht erst in Nohant das Licht der Welt erblickt,
er stammte aus dem engsten Familienkreis: Seit
Ende der sechziger Jahre unterzeichnete Flaubert
Briefe an seine Nichte Caroline mit »Dein alter
Cruchard«, »Onkel Cruchard« oder »Dein alter
Cruchard, der Dich liebt«. Flaubert war ein großer Erfinder zärtlicher oder komischer Namen
für andere, aber auch für sich selbst, und darin
traf er sich mit George Sand, die für Flaubert in
die Rolle des bekehrten Sünders »GOULARD. In
Palaisot, Bai den Möhnchen« oder der alternden
Seiltänzerin »VICTOIRE POTELET, genahnt Ma-

rengo Lirondelle« schlüpfte. Indem er Cruchard bei seiner Freundin in Nohant einführte, nahm er sie und die Ihren endgültig in seine Herzensfamilie auf und spann das mit Bouilhet ersonnene »ideale Erzbistum« weiter, denn die Figuren aus *La Queue de la poire de la boule de Monseigneur* sind verknüpft mit der Biographie von Cruchard und diese wiederum mit den beiden »Kellerasseln« Bouvard und Pécuchet.

Wann *Leben und Werke des Paters Cruchard* entstand, lässt sich nicht mit Sicherheit sagen. »Die Existenz von Cruchard ist ein schönes Gedicht, so getroffen, dass ich nicht weiß, ob es eine Biographie in Deiner Manier ist oder die Abschrift eines mit gutem Glauben gemachten Artikels«, lobte George Sand jedenfalls am 3. Oktober 1873, und Flaubert antwortete ihr am 30.: »Es freut mich, dass ich euch mit der Biographie von Cruchard ein wenig ergötzt habe. Doch ich finde sie zusammengewürfelt, und Cruchards Charakter stimmt nicht? Ein Mann, der als Beichtvater so scharfsinnig ist, hat nicht so viele literarische Sorgen. Die Archäologie ist zu viel. Sie gehört zu einer anderen Art von Geistlichem? Vielleicht fehlt eine Überleitung? Das ist meine bescheidene Kritik.« Diese Einwände zeigen, dass *Cruchard* für ihn nicht bloß Kindertheater war. In den Jahren 1873 bis 1876 tauchte Cruchard im Briefwechsel der beiden ständig auf, Flaubert wurde mit »Cruchard meines Herzens« oder »mein allerliebster Cruchard« angeredet und unterzeichnete nun auch Briefe an Sand häufig mit diesem Pseudonym, wenn er nicht gerade der »heilige Polycarpe« war. Am 15. März 1874 sorgte er sich um sein Manuskript: »Könnten Sie mir eine Abschrift oder das Original der Biographie von *Cruchard* geben? Ich habe keinen Entwurf und möchte sie lesen, um wieder in *mein Ideal* einzutauchen?« Kein Wunder also, dass in Flauberts Briefe an Sand Selbstcharakterisierungen einflossen, die an Pater Cruchard erinnern, am 27. März 1875 etwa schloss er mit dem Bekenntnis: »Ihr Cruchard, der einen immer größeren Sprung hat. *Sprung* ist das richtige Wort. Denn ich spüre, wie der Inhalt ausrinnt.«

Nachdem die »liebe Meisterin« am 8. Juni 1876 gestorben war, spielte Flaubert auch für ihren Sohn noch eine Weile den Cruchard. Doch als Maurice Sand im Frühjahr 1880 den Briefwechsel seiner Mutter zur Publikation vorbereitete, verlangte Flaubert: »Nein! streichen Sie *Cruchard* und Polycarpe, und ersetzen Sie diese Worte durch was immer Ihnen gefällt. Das Publikum darf von uns nicht alles haben. Behalten wir etwas zurück für uns selbst.« Und unterzeichnete mit: »CRUCHARD für Sie, POLYCARPE für das

Menschengeschlecht, GUSTAVE FLAUBERT für die Literatur.« Bedauerlich für die Literatur, dass Flaubert nicht auch noch verwirklicht hat, was er seiner Nichte Caroline am 1. Februar 1880 ankündigte: »Ich habe Lust, die Erinnerungen des Alten von Cro-Magnon zu schreiben.«

Elisabeth Edl

Anmerkungen

Alfred

9

Alfred – Alfred Le Poittevin, geboren am 29. September 1816 in Rouen, starb am Montag, dem 3. April 1848, laut Flauberts Brief an Maxime Du Camp vom 7. April um Mitternacht; die Sterbeurkunde vermerkt halb zwölf.

Augustinus – Seit Ende 1846 las Flaubert Augustinus als Vorbereitung auf seinen Roman *La Tentation de saint Antoine*, mit dessen Niederschrift er am 24. Mai 1848 begann. Der 6. Band der *Opera omnia* (Paris, apud Gaume fratres, 1836-1838) enthält *Enchiridion ad Laurentium, sive de fide, spe et charitate liber unus.*

Mme de Maupassant – Aglaé de Maupassant (1796-1850), Alfred Le Poittevins Schwiegermutter.

Eugène – Dienstbote der Flauberts.

Alphonse Karr – Dem Romanautor und Journalisten (1808-1890) war Flaubert sicherlich schon in Paris oder in der Normandie begegnet, doch kannte er ihn vor allem wegen Louise Colet: Sie hatte Karr 1840 mit einem Küchenmesser attackiert, nachdem er einen beleidigenden Artikel über sie und den Philosophen Victor Cousin geschrieben hatte, mit dem Louise Colet liiert war. Flaubert hatte seit Sommer 1846 ein Verhältnis mit ihr.

Anhöhe – Flaubert nimmt die Straße nach Paris über Bonsecours, um nach La Neuville-Chant-d'Oisel (ca. 15 km östlich von Rouen) zu fahren, wo die Maupassants wohnen. In einem Entwurf zu *Madame Bovary* verkehrt der junge Charles in einem Café in Bonsecours.

im Winter – Flaubert meint: im Winter vor dem Tod des Vaters und der Schwester Caroline, am 15. Januar bzw. 22. März 1846. Max ist Maxime Du Camp (1822-1894).

Monsieur – Jules de Maupassant (1795—1875), Alfred Le Poittevins Schwiegervater.

10

Doluit – »Er hat gelitten«.

Mme Renard – Eine Verwandte der Maupassants.

Spinoza – Im Brief an Du Camp vom 7. April 1848 schreibt
Flaubert: »Bis zu dem Augenblick, da er nicht mehr in
der Lage war, irgendetwas zu tun, las er bis ein Uhr früh
Spinoza, jeden Abend in seinem Bett.«

Pluchard – Die Mutter von Aglaé de Maupassant, deren Mäd-
chenname Pluchard war.

11

Creuzer – Flaubert liest Georg Friedrich Creuzer: *Symbolik und
Mythologie der alten Völker*, in der französischen Übersetzung von J.-D. Guigniaut (vier Bände in zehn Einzelbän-
den, Paris, 1825-1851); diese Lektüre war sehr wichtig für
die Entstehung der *Tentation de saint Antoine*.

Consolation – Trost für Trauernde.

12

King Charles – Englischer Zwergspaniel.

Mantel meines Vaters – Im Brief an Du Camp vom 7. April heißt
es: »Ich selbst war in einen Mantel gehüllt, der meinem
Vater gehört hat und den er nur einmal getragen hat, am
Tag von Carolines Hochzeit.«

Eidechse – Flauberts Nichte Caroline hat das Wort »lézard«
unterstrichen und »merkwürdig« daneben geschrieben.
Entweder hat sie das Wort schlecht entziffert oder Flau-
bert meint damit eine optische Täuschung. In seinem
Brief an Du Camp vom 7. April schreibt Flaubert: »ein
Nachtfalter flatterte um die Leuchter«.

13

in Laures Zimmer – Laure Le Poittevin (1821-1903), Alfreds
Schwester; der junge Flaubert war mehrmals Ferien-
gast im Haus der Familie Le Poittevin in Fécamp. *Les
Feuilles d'automne* (1831) sind ein Gedichtband von Victor
Hugo.

Don Juan – Flaubert plante einen Roman mit dem Titel *Une nuit
de Don Juan.*

Keepsakes – Bücher mit Gedichten oder kurzen Prosatexten
und Stichen, die man vor allem als Andenken oder Zeichen der Freundschaft verschenkte. Sie beflügeln z. B.
die romantischen Träumereien der jungen Emma Bovary im Internat (*Madame Bovary*, 1. Teil, 6. Kapitel).

»Mitternacht« – Das Gedicht von Alexandre Dumas heißt »À
toi«, beginnt aber mit den Worten »Minuit sonne« (Mitternacht schlägt's); bei Dumas heißt es: »Eines Tages
wird man erfahren, welch sturer Kampf / Unter meinem
Knie das Schicksal beugte«.

als fröhlicher Vogel – Aus der 1845 begonnenen, unvollendet gebliebenen philosophischen Erzählung *Une promenade de
Bélial* von Alfred Le Poittevin. Der Teufel Bélial oder Béel
weiht Mme de Préval in die Geheimnisse der Seelenwan-
derung ein: »›Wenn das so ist‹, fuhr Mme de Préval fort,
›wird der Wurm am Ende zum Menschen?‹ / ›Gewiss‹,
sagte Béel. / ›Und wird er zuvor‹, fuhr Madame fort, ›der
Reihe nach alle Zwischenstufen durchwandern? Wird er,
als fröhlicher Vogel, in den Kiefern die aufgehende Sonne begrüßen; und dann, als feuriges Streitross, durch die
Ebenen springen?‹«

14

Mme Alfred – D. h. Alfreds Ehefrau Louise de Maupassant
(1825— 1891).

ob ich es tun würde – Rund zehn Jahre später wird Flaubert diese Szene in einem Brief an Edma Roger des Genettes (18. Dezember 1859) heraufbeschwören: »Es ist nicht lustig, Menschen zu verlieren, die man liebt. Wie viele habe ich schon begraben! Ich habe oft *Totenwache* gehalten! Der Mann, den ich am meisten liebte, ist mir halb zwischen den Fingern geblieben ... Wenn man einmal einen Leichnam auf die Stirn geküsst hat, bleibt einem davon für immer etwas auf den Lippen zurück, eine unendliche Bitterkeit, ein Nachgeschmack von Leere, der niemals vergeht. Man muss zu den Sternen schauen und sagen: ›Vielleicht geh ich dorthin.‹«

Särge – Einer aus Holz, der in einen zweiten aus Metall gestellt wurde. Emma Bovary liegt sogar in drei ineinandergestellten Särgen: einem aus Eiche, einem aus Mahagoni, einem aus Blei, die Zwischenräume werden mit Wolle aus einer Matratze gefüllt und die drei Deckel schließlich »glattgehobelt, zugenagelt, verlötet« (*Madame Bovary*, 3. Teil, 9. Kapitel).

Béjaune – »Grünschnabel«, Spitzname von Gustave de Maupassant (1821-1900).

Cord'homme – Charles Cord'homme (1824-1906) wird am 18. Oktober 1852 Alfreds Witwe Louise heiraten und 1880 als Vorbild für die Figur des Cornudet in Guy de Maupassants *Boule de suif* dienen.

Boivin – Louis Boivin-Champeaux (1823-1899), ein Schulkamerad Flauberts, der die Richterlaufbahn einschlug.

Narcisse – Unklar.

Hamard und Bouilhet – Émile Hamard (1821-1877), Flauberts Schwager, und Louis Bouilhet.

Parain – François Parain (1782-1853), Onkel Flauberts.

15

Lambert – Unklar.

Blechblasinstrument – Flaubert dürfte einen Serpent meinen,
    der im 19. Jahrhundert besonders in kleinen Dorfkir-
    chen, die keine Orgel besaßen, noch häufig gespielt wur-
    de, so z. B. bei Emma Bovarys Begräbnis (*Madame Bovary*,
    3. Teil, 10. Kapitel).

16

rauchen – »Als das Loch zugeschaufelt war, habe ich mich um-
    gedreht und bin rauchend heimgegangen (was Boivin
    unschicklich fand)«, heißt es in Flauberts Brief an Du
    Camp vom 7. April.

schnelle Fahrt – Von La Neuville-Chant-d'Oisel nach Rouen;
    im Brief an Du Camp vom 7. April heißt es: »Wir sind in
    43 Minuten zurückgefahren. Es sind 5 Meilen.«

Mme Le Poittevin – Victoire Le Poittevin (1794-1866), Alfreds
    Mutter.

Bapeaume – Zwischen Rouen und Croisset.

Bärenfell – Eisbärfell in Flauberts Arbeitszimmer.

Pimpenpohé – Die Bedeutung dieses Wortes ist unbekannt; im
    Brief an Du Camp vom 7. April schreibt Flaubert: »Ich
    habe die ganze Nacht geschlafen, und ich kann sagen,
    den ganzen heutigen Tag, und ich hatte einen seltsamen
    Traum, den ich aufgeschrieben habe aus Angst, ihn zu
    vergessen.« Dieses Traumprotokoll ist jedoch nicht er-
    halten.

Ball zu Ehren des Zaren

19

zu Hause – Flauberts Nichte Caroline (Caro) und ihr Mann Er-
    nest Commanville besitzen ein Stadthaus in der Rue de

Clichy Nr. 77, wohnen jedoch im Frühsommer 1867 bei ihrem Onkel am Boulevard du Temple Nr. 42.

Prinzessin Mathilde – (1820-1904), die Tochter von Jérôme Bonaparte und Katharina von Württemberg war im Alter von sechzehn Jahren für einige Monate mit ihrem Cousin Louis Napoléon Bonaparte verlobt gewesen und heiratete 1840 Anatole Demidoff, Fürst von San Donato. Nach der Trennung von Demidoff 1845 ließ sie sich in Paris nieder und spielte bald eine wichtige Rolle im Umkreis des neugewählten Prince-Président. Ihr Salon in der Rue de Courcelles und ihr Schloss in Saint-Gratien (Val-d'Oise) waren Treffpunkt der künstlerischen und literarischen Welt; Flaubert verkehrte seit 1863 bei ihr und zählte zum engeren Kreis. Wohl durch ihren Einfluss erhielt er am 15. August 1866 das Kreuz der Ehrenlegion.

Gortschakow – Alexander Michailowitsch Gortschakow (1798-1883), russischer Staatsmann, seit 1866 Kanzler. Über seinen Sohn ist nichts bekannt.

Anschlag – Am 6. Juni, wenige Tage nach seiner Ankunft in Frankreich, wurde auf Alexander II. auf der Pferderennbahn von Longchamp ein Anschlag verübt. Der Attentäter, ein polnischer Flüchtling namens Anton Berezowski, feuerte zwei Schüsse auf den Zaren ab und wurde dafür zu zwanzig Jahren Zwangsarbeit verurteilt. Der Zar war über diese milde Strafe empört. Seit der Niederschlagung der polnischen Aufstände gegen die zaristische Unterdrückung (1831 und 1863) lebten viele polnische Flüchtlinge in Frankreich.

Floquet – Charles Thomas Floquet (1828-1896), Anwalt und Journalist bei *Le Temps*, war ein entschiedener Gegner des Zweiten Kaiserreichs und der Politik Napoleons III.; er (oder Léon Gambetta) rief am 6. Juni 1867 »Vive la Pologne, Monsieur!« Nicht nur Alexander II. durfte sich von dem Zwischenrufer angesprochen fühlen, sondern auch der ebenfalls anwesende Bismarck, der 1863 die Niederschlagung der polnischen Aufstände unterstützt hatte.

20

eintragen lassen – Es ist anzunehmen, dass im Elysée-Palast ein Buch auflag, in das man sich eintragen konnte, als Sympathiebekundung für den Zaren.

Rothschild – Alphonse de Rothschild (1827-1905), Sohn von James de Rothschild, dem Begründer des französischen Zweigs der Bankiersdynastie, war seit 1855 Vorsitzender der Banque de France und verfügte über großen politischen Einfluss.

Gerolstein – *Die Großherzogin von Gerolstein*, Operette von Jacques Offenbach, wurde am 2. April 1867 im Théâtre des Variétés uraufgeführt.

Passage des Panoramas – Überdachte Passage im 2. Arrondissement zwischen den Grands Boulevards und der Börse (Boulevard Montmartre / Rue Saint-Marc), mit einem Eingang zum Théâtre des Variétés.

Pariser Leben – Die beiden Operetten von Jacques Offenbach waren 1866 uraufgeführt worden, das Théâtre des Variétés und das Théâtre du Palais-Royal waren Offenbachs Lieblingsbühnen. Am Tag nach dem Ball in den Tuilerien wohnten die Hoheiten der Uraufführung von Verdis *Don Carlos* bei, die vom Publikum ausgepfiffen wurde.

21

Duret – Wahrscheinlich ein Anwalt, denn am 12. Juni 1867 schreibt Flaubert an George Sand: »Montag war ich nacheinander im Jockey-Club, im *Café Anglais* und bei einem Anwalt.«

Lacroix – Am 20. Juni 1867 schreibt Flaubert an Jules Duplan: »Tu mir den Gefallen, geh in die Buchhandlung Lacroix an der Ecke der Rue Vivienne, frag nach M. *Lecuir* (ein Bursche mit langem blonden Schnurrbart) und sage selbigem, dass ich noch immer auf die Bücher warte, die er mir versprochen hat.« Der *Paris- Guide par les principaux écrivains et artistes de la France* erschien 1867, aus Anlass der Weltausstellung, zunächst in zwei, dann in vier Bänden bei A. Lacroix & Verboecken et Cie. in Brüssel. Er enthielt u.a. Texte von Michelet, Dumas, Gautier und Sand sowie ein langes Vorwort von Victor Hugo.

Duplan – Flaubert lernte die Brüder Ernest und Jules Duplan 1851 über Maxime Du Camp kennen. Ernest war Notar; Jules (1822- 1870) studierte zunächst Malerei bei Sébastien Cornu (siehe weiter unten Anm. zu Mme Cornu) und wurde schließlich u.a. Händler für Seidenstoffe und Orientteppiche sowie Sekretär des Kunstsammlers Henri Cernuschi. Er war eine wichtige Quelle Flauberts für die *Éducation sentimentale*.

Florimont – Charles Florimont war seit 1852 stellvertretender Leiter der Rechtsabteilung der Maison de l'Empereur und unterstützte Flaubert im Bovary-Prozess; Flaubert kannte ihn seit 1841 von der juristischen Fakultät in Paris.

Guy – Pariser Handschuhhändler, den Flaubert hin und wieder in Briefen erwähnt.

Maxime – Maxime Du Camp.

Bodin – Unklar.

Husson – Adèle Husson (1822-1894), Frau des Anwalts Émile Husson (1818-1889) und Geliebte von Maxime Du Camp; die Hussons und Du Camp lebten in einer Art »ménage à trois«. Wer Mme Baschet oder Béchet war, ist unklar: In einem Brief vom 12. Juni 1877 an Flaubert berichtet Du Camp vom langsamen Sterben der »armen Béchet«.

Wenig später, am 16. August, schreibt Flaubert an Adèle Husson: »Maxime [...] sagte mir, Ihre arme Schwester sei noch am Leben.«

Speisekarte von 47 – Flaubert sammelt Material für die *Éducation sentimentale*, das 4. Kapitel des 2. Teils spielt im Frühjahr 1847 und führt Rosanette und Frédéric Moreau vom Hippodrome du Champ de Mars, also dem Jockey-Club, ins *Café Anglais* (an der Ecke Boulevard des Italiens / Rue de Marivaux), das berühmteste Pariser Restaurant des 19. Jahrhunderts. Hier wurde am 7. Juni 1867 das »dîner des empereurs« für Napoleon III., Alexander II. und Wilhelm I. serviert. Flaubert dürfte die Speisekarte von 1847 nicht sofort bekommen haben, denn in einem Brief vom 11. Juni bittet er Jules Duplan, innerhalb der nächsten acht Tage im *Café Anglais* vorbeizuschauen und nach der versprochenen Karte zu fragen, am 20. und 22. Juni erinnert er ihn wieder daran.

Sainte-Beuve – Charles-Augustin Sainte-Beuve (1804-1869), Schriftsteller und Kritiker, durch seine Vermittlung lernte Flaubert die Prinzessin Mathilde kennen.

Morny – Der Herzog von Morny (1811—1865), ein Halbbruder Napoleons III., war als Innenminister am Staatsstreich vom 2. Dezember 1851 beteiligt und ab 1852 Mitglied des Corps Législatif. Flaubert wohnte seinem Begräbnis nicht bei, den Trauerzug kann er jedoch gesehen haben, da er sich an Mornys Todestag (10. März 1865) und danach in Paris aufhielt.

22

Cour du Carrousel – Ehrenhof des heute nicht mehr stehenden Tuilerienschlosses.

Cent-gardes – Eine seit 1854 bestehende besondere Leibgarde Napoleons III.

1848 – Die Revolution vom 22., 23., 24. Februar 1848 bereitete der Juli-Monarchie ein Ende und begründete die Zweite Republik; Flaubert hat die Plünderung der Tuilerien miterlebt, die er im 3. Teil der *Éducation sentimentale* beschreibt.

Tissot – Charles-Joseph Tissot (geb. 1828), Diplomat und Archäologe, Konsul u. a. in Tunis, La Coruña und Saloniki.

Augier – Emile Augier (1820-1889), Dramatiker, seine Sittenkomödien zeichnen ein Bild der bürgerlichen Gesellschaft im Zweiten Kaiserreich; Mitglied der Maison civile Napoleons III.

Jadin – Louis Godefroy Jadin (1805-1882), Maler und Kupferstecher, auf den Salons von 1840 und 1855 ausgezeichnet; sein Sohn Charles Emmanuel Jadin (geb. um 1845), ebenfalls Maler, gehörte zum Kreis der Prinzessin Mathilde.

Meissonnier – Jean Louis Ernest Meissonier (1815-1891), Maler und Zeichner, Napoleon III. schätzte besonders seine Genrebilder und Schlachtszenen.

23

Kaiser – Napoleon III., Alexander II. und Eugénie, seit 1853 Kaiserin der Franzosen. Die Zarin ist abwesend.

Sie traten zurück – Also die Leibgardisten.

Scheich – Wahrscheinlich meint Flaubert keinen richtigen arabischen Scheich, sondern, wie in einem Brief vom 24. Juni 1850 an seine Mutter, einen alten Mann: »Wir [Du Camp und Flaubert] verbringen fast unsere *ganze* Zeit damit, die *Scheichs* zu spielen, das heißt die Alten; – der Scheich ist der dumme alte Herr, Rentier, hochgeachtet, gut etabliert, alterslos«.

24

Delessert – Édouard Delessert (1828-1898) war der Sohn von

Gabriel Delessert (1786-1858, Polizeipräfekt unter Louis-Philippe) und Valentine Delessert (1806-1894), die 1851-1860 Maxime Du Camps Geliebte war. Du Camp und Flaubert hatten Édouard Delessert Ende 1850 in Konstantinopel kennengelernt, seine Reiseerinnerungen, *Voyage aux villes maudites*, erschienen zwei Jahre später in der von Du Camp geleiteten *Revue de Paris*.

Delaborde – Wahrscheinlich der Vicomte Henri Delaborde (1811- 1899), Maler und Kunstkritiker sowie ständiger Sekretär der Akademie der Schönen Künste.

Perrin – Émile Perrin (1814-1885) aus Rouen, Maler und Kunstkritiker, Intendant der Opéra Comique und 1862-1870 Leiter der kaiserlichen Musikakademie.

Leroy – Baron Ernest Hilaire Leroy (1810-1872), von 1848 bis 1870 Präfekt des Departements Seine-Inférieure (heute Seine-Maritime) und mit der Familie Flaubert befreundet. Im Prozess um *Madame Bovary* setzte er sich für Gustave Flaubert ein.

Persigny – Victor Fialin, Herzog von Persigny (1808-1872), eine Schlüsselfigur des Zweiten Kaiserreichs, stand seit 1834 mit Louis Napoléon Bonaparte in Verbindung, war am Staatsstreich beteiligt und 1852-1854 sowie 1860-1863 Innenminister.

M. de Mornys – Wohl ein Schreibfehler für »am Arm Mme de Mornys«.

Saal der Marschälle – Im Pavillon de l'Horloge gelegen und mit Porträts und Büsten im Kampf gefallener Marschälle und Generäle geschmückt.

25

Mme de Bourgoing – Gesellschaftsdame der Kaiserin Eugénie; ihr Gatte, Baron Philippe de Bourgoing (1828-1882), war Stallmeister Napoleons III.

Mme Reiset – Wahrscheinlich Hortense Reiset, die Ingres 1846 porträtierte; ihr Gatte, Frédéric Reiset, war Konservator im Louvre und wurde von Prinzessin Mathilde geschätzt.

Mme de Baulincourt – Charlotte-Sophie de Castellane (1818-1904), Gattin von Henri, Marquis de Contades (1814-1858) und später von Victor, Graf von Beaulaincourt de Marles (1820-1860). Sie führte einen angesehenen literarischen und diplomatischen Salon.

Conegliano – Adrien Duschesne de Gillevoisin (1825-1901) war kaiserlicher Kammerherr und dritter Duc de Conegliano; sein Vater Alphonse Auguste Duschesne de Gillevoisin (1791-1878) hatte von seinem Schwiegervater, dem napoleonischen Marschall Moncey, den Titel Herzog von Conegliano geerbt. Da Jeanne Françoise Hélène Jeannot de Moncey (1807-1853) 1867 nicht mehr lebt, müssen wohl der dritte Herzog von Conegliano und seine Frau Aimée gemeint sein.

Mouchy – Antoine de Noailles, Herzog von Mouchy (geb. 1841) war seit 1862 bonapartistischer Abgeordneter.

Japaner – Eine japanische Abordnung, die die Weltausstellung besuchte, begleitete Napoleon III. und Alexander II. bei offiziellen Anlässen.

Caux – Henry, Marquis de Caux war Stallmeister Napoleons III. und Ehemann der berühmten Sopranistin Adelina Patti; auch in den Gesellschaftsspalten des *Figaro* wurde er für sein Geschick beim Kotillon gelobt.

Umberto – (1844-1900), Sohn des italienischen Königs Vittorio Emanuele II. und als Umberto I. dessen Nachfolger (1878).

Mme de Grétry – Unklar.

Fleury – Der Graf und General Émile Félix Fleury (1815-1884) war am Staatsstreich beteiligt, danach erster Aide-de-camp und Oberstallmeister Napoleons III.

Mme de Saint-Vallier – Gattin von Charles-Raymond de La Croix de Chevrières de Saint-Vallier, Außenminister Napoleons III.

26

Mme Espinasse – Seit 1862 Gesellschaftsdame der Prinzessin Mathilde; ihr Mann, General Charles Esprit Espinasse, Innenminister Napoleons III., war 1859 in der Schlacht bei Magenta gefallen.

Boulanger – Louis Candide Boulanger (1806-1867) erwarb sich mit dem Gemälde »Le Supplice de Mazeppa« (1827) die Bewunderung Victor Hugos, er schuf zahlreiche Künstlerporträts.

Albaner – Albanien stand unter osmanischer Herrschaft, möglicherweise meint Flaubert ein Mitglied der Abordnung des Osmanischen Reichs.

M. X – Wahrscheinlich Oberst Verly, der die Leibgarde bis zum Sturz des Zweiten Kaiserreichs im September 1870 befehligte.

Mme Cornu – Hortense Cornu, geb. Lacroix (1809-1875), war die Tochter einer Gesellschaftsdame von Hortense de Beauharnais und wuchs gemeinsam mit Napoleon III. auf. Verheiratet war die »Milchschwester des Kaisers« mit dem Maler Sébastien-Melchior Cornu, dem Lehrer von Flauberts Freund Jules Duplan.

Bataille – Martial Eugène Bataille (1815-1878) war als Bonapartist am Staatsstreich beteiligt und wurde wenig später Staatsrat.

Jolibois – Eugène Jolibois (1819-1896) war Anwalt, dann Staatsanwalt, Präfekt von Savoyen und ab 1866 Staatsrat sowie seit 1854 Mitglied der Akademie von Rouen.

Lachaux – Charles Lachaud (1817-1882), ein berühmter Pariser Anwalt.

Lepic – Wahrscheinlich die Baronin Louise Lepic, die Gattin von Louis-Joseph Napoléon Lepic, Abgeordneter des Departements Seine-et-Oise und Aide-de-camp Napoleons III.; der Vorname »Léon« dürfte ein Irrtum sein.

Dubois de l'Étang – Jean-Joseph Gustave Dubois de l'Estang war Oberster Rat am Rechnungshof.

Anselme – Dienstbote der Commanvilles; am 7. Juni 1867 kündigte Flaubert seinen Besuch an und bat Caroline: »Du musst mir auch ›*your little tiger Anselme*‹ leihen, wenn ich am Montagabend in die Tuilerien gehe«. Der *tiger* (nach dem *Oxford English Dictionary* ein besonders elegant livrierter Groom) erwies sich als nicht sehr zuverlässig, denn am 11. Juni schrieb Flaubert seiner Nichte aus Croisset: »Wie hat mich heute Morgen die Rage gepackt!!! / Ich umarme Euch, schließe von meinen Zärtlichkeiten jedoch Euren kleinen Reisediener aus.« Dazu erklärte Caroline in einer 1906 von ihr besorgten Briefausgabe: »Der Paletot [Flauberts] war auf dem Ball in den Tuilerien verlorengegangen, durch die Schuld meines Dieners, ›des kleinen *tiger*‹; zudem waren, als die Kiste wieder eingepackt wurde, mehrere Gegenstände unauffindbar. Was meinen Onkel so in Rage gebracht hatte, war, dass mein sehr korrekter Diener um 5 Uhr morgens geglaubt hatte, eine Dienstschürze anlegen zu müssen, um bei den Vorbereitungen für die Abreise zu helfen. Da war mein Onkel in ›homerische‹ Wut geraten, wie er selbst diese Anfälle von Rage nannte.«

Rue d'Amsterdam – Hier befindet sich der Bahnhof Saint-Lazare. Am Dienstagmorgen, dem 11. Juni, fuhr Flaubert bereits zurück nach Croisset.

31

Seit drei Jahren – Am Ende des Textes spricht Flaubert noch
   einmal von diesen »drei Jahren«, Bouilhets Krankheit
   müsste sich also Mitte 1866 bemerkbar gemacht haben.
   Bouilhet selbst schreibt in einem Brief an Flaubert vom
   14. März 1868, er fühle sich seit über einem Jahr »geistig
   und körperlich kaputt«. Im Vorwort zu Bouilhets postum
   erschienenem Gedichtband *Dernières chansons* (1872) hält
   Flaubert fest, die Veränderung Bouilhets habe mit dessen Rückkehr nach Rouen im Mai 1867 begonnen.

Börsendrama – Ernest Feydeaus (1821-1873) Stück *Un coup de
   Bourse*, das im jüdischen Bankiersmilieu von Paris spielt,
   war 1862 vom Théâtre-Français abgelehnt worden (offenbar wegen der Nähe zu einem aktuellen Skandal um
   den Bankier Jules-Isaac Mirès), es erschien vom 6.-22.
   Januar 1868 in *Le Figaro* und im Mai desselben Jahres als
   Buch bei Michel Lévy. In den Briefen zwischen Flaubert
   und Bouilhet findet sich keine Spur einer Meinungsver-
   schiedenheit über Feydeaus Stück.

Hazard – Unklar.

La Bouille – Das Pendelschiff zwischen Rouen und La Bouille
   hielt in Croisset.

zum letzten Mal hier – Bouilhet dürfte am Donnerstag, dem 25.
   März 1869, zum letzten Mal in Croisset gewesen sein und
   mit Flaubert an der *Éducation sentimentale* gearbeitet haben, diesen Besuch hatte er in einem Brief vom 22. März
   angekündigt. Am 27. März fuhr Flaubert nach Paris, wo
   er seinen Roman fertigstellte.

im Mai – Flaubert kam am 7. Juni nach Croisset zurück.

Bibliothek – Louis Bouilhet war seit Mai 1867 Leiter der Stadtbibliothek von Rouen, die sich damals im obersten Stock

des Hôtel de Ville befand. Flauberts Besuch könnte am Abend des 7. Juni 1869 stattgefunden haben, in einem Brief an Caroline vom 16. [oder 20.] Juni schreibt er über Bouilhet: »Ich habe ihn vor acht Tagen kränklich und traurig vorgefunden.«

Aïssé – Bouilhet hatte im Februar 1869 eine erste Fassung seines historischen Versdramas in vier Akten *Mademoiselle Aïssé* fertiggestellt und es Mitte März am Théâtre de l'Odéon vorgelesen. Der Theaterdirektor Charles Marie de Chilly hatte Einwände und verlangte gewisse Änderungen, wodurch Probleme mit der Programmplanung entstanden. Bouilhet hoffte, mit den Korrekturen so rechtzeitig fertig zu werden, dass sein Stück im November zwischen zwei Stücken von George Sand (*Mauprat* im Oktober und *L'Autre* im Februar 1870) gespielt werden könnte. Er war verzweifelt, als er erfuhr, dass statt *Aïssé* George Sand im November gespielt werden sollte, weil Chilly befürchtete, Bouilhet werde seine Überarbeitung nicht termingerecht abschließen. Die beiden einigten sich am Ende auf Januar 1870. – *Mademoiselle Aïssé* wurde schließlich unter Flauberts Federführung am 6. Januar 1872 uraufgeführt.

32

Korrekturen – Bouilhet war Mitte Juni noch einmal zu einer Lesung seines Stücks am Théâtre de l'Odéon gewesen, die Reise »war so mühsam für ihn, dass er sich nur von der Eisenbahn zum Odéon hat schleppen können«, schrieb dazu Flaubert am 23. Juli 1869 an Maxime Du Camp.

die Damen Vasse – Mme Vasse de Saint-Ouen, eine Freundin von Mme Flaubert, und ihre Tochter Flavie hielten sich vom 16. Juni bis zum 6. Juli in Croisset auf. Die zweite Tochter, Coralie de la Chaussée, war schon früher gekommen und am 18. Juni wieder abgereist.

strapaziert – Über seine inzwischen fünfundsiebzigjähri-
ge Mutter schreibt Flaubert an George Sand: «Meine
arme gute Frau Mutter altert sehr! Ihre Taubheit und
ihre Schwäche werden von Tag zu Tag schlimmer! Sie
hat jetzt die Damen Vasse de Saint-Ouen um sich (die
Sie kennen und die mir auftragen usw.). Ihre Schwer-
mut ist dank dieser Gesellschaft ein wenig gelindert.
Aber wenn wir allein sind, unter vier Augen, ich versi-
chere Ihnen, liebe Meisterin, dann ist es ein Jammer.«
(24. Juni 1869)

Empfindsamkeiten – Flauberts Nichte berichtet in ihrem Erin-
nerungsbuch *Heures d'autrefois*, was sie von Flavie Vasse de
Saint-Ouen wusste: »Flavie war etwa fünfundzwanzig,
zwölf Jahre älter als ich, als sie aufhörte mich als Kind
zu betrachten und anfing mich als Freundin zu sehen. /
Sie war romantisch veranlagt, zutiefst religiös, von einer
überspannten, aber dennoch sehr weitherzigen Religio-
sität. Damals [um 1859] liebte sie meinen Onkel mit einer
hoffnungslosen Liebe, denn sie war sich im Klaren darüber, was alles sie voneinander trennte. / Viele Jahre später, als sie mir von ihrer Leidenschaft erzählte, begriff
ich deren ganze verrückte Selbstlosigkeit. Sie hatte Gott
ihr Leben als Opfer dargebracht, indem sie unter Tränen
bat, lebendig begraben zu werden, um die Bekehrung
dessen zu erlangen, den sie liebte und der von dieser
Hingabe nie etwas ahnen sollte.«

im Juli – Der Besuch dürfte am 27. Juni stattgefunden haben,
denn am 5. Juli schreibt Flaubert an George Sand, er habe
Bouilhet vor zehn Tagen gesehen, und im Brief an Du
Camp vom 23. Juli heißt es: »Als ich am letzten Sonntag
im Juni zu ihm kam [...]«.

Péan – Jules-Emile Péan (1830-1898), Chirurg und Freund
Bouilhets.

Morel – Auguste Bénédicte Morel (1809-1873), Facharzt für Geisteskrankheiten, leitete die Anstalt Saint-Yon in Rouen.

Dupré – Der Apotheker H. Dupré war ein Freund Bouilhets und nach dessen Tod Mitglied der Kommission zur Errichtung eines Denkmals für Bouilhet in Rouen. – In seinem Brief an Du Camp vom 23. Juli beschreibt Flaubert die Szene am Krankenbett folgendermaßen: »Als ich am letzten Sonntag im Juni zu ihm kam, traf ich dort Doktor Péan aus Paris, einen anderen Hohlkopf aus Rouen, der Leroy heißt, den Irrenarzt Dr. Morel und einen braven Apotheker, ein Freund von ihm namens Dupré. – B. *wagte nicht*, Achille um eine Untersuchung zu bitten, weil er sich sehr krank fühlte und Angst hatte, man könnte ihm die Wahrheit sagen. Péan hat ihn nach Vichy expediert, von wo ihn Willemin schleunigst nach Rouen zurückgeschickt hat.«

Censier – Richter am Berufungsgericht in Rouen; das Ehepaar wohnte am Quai du Havre Nr. 7c, in unmittelbarer Nachbarschaft der Familie Flaubert.

Heuzé – Wahrscheinlich Alexandre Heuzey, Richter am Berufungsgericht in Rouen.

Am nächsten Tag – Bouilhet fuhr erst am übernächsten Tag (Dienstag, 29. Juni), wie Flaubert am 30. Juni auch an Jules Duplan schreibt: »Monsignore macht mir Sorgen. Er ist gestern nach Vichy abgereist. Man weiß nicht genau, was er hat, vielleicht etwas sehr Schlimmes, denn seine grenzenlose *Hypochondrie* muss einen Grund haben?«

Willemin – Flaubert hatte Alexandre Willemin (1818-1890) auf seiner Ägyptenreise kennengelernt und ihn 1862 während einer Kur in Vichy, wo Willemin seit 1853 als Arzt tätig war, sowie 1863 in Croisset wiedergesehen.

Willemins Brief ist nicht erhalten, seine Diagnose lässt sich nur aus einem Brief an Prinzessin Mathilde vom 8. Juli erahnen, in dem Flaubert schreibt: »Er scheint eine Albuminurie zu haben? Das ist eine unheilbare Krankheit!« Bouilhet starb wohl an schwerer Niereninsuffizienz und Harnvergiftung.

Lapierre – Dieses Abendessen fand am 8. Juli statt. Charles Lapierre (1828-1893) war Herausgeber des *Nouvelliste de Rouen* und wohnte in der Rue de la Ferme Nr. 3 in Rouen.

Dejean – Unklar.

Jolibois – Staatsanwalt in Rouen.

Norwegen – Caroline und ihr Mann befanden sich seit 1. Juni auf einer Geschäfts- und zugleich Vergnügungsreise durch Skandinavien; Ernest Commanville handelte mit Holz.

33

Am Montag – 12. Juli 1869.

bei den Achilles – Achille Flaubert (1813-1882) und seine Frau Julie (1818-1883), die im Hôtel-Dieu wohnen, wo Gustaves Bruder dem Vater als Chefchirurg nachgefolgt ist.

Caro – »Carolines Briefe hatten drei Wochen Verspätung! Du siehst, welche Ängste ich ausgestanden habe«, schreibt Flaubert in seinem Brief an Du Camp vom 23. Juli.

Émile – Émile Colange (1843-1919), von 1865 bis 1876 bei Flaubert in Dienst.

Raoul-Duval – Edgar Raoul-Duval (1832-1887), seit November 1866 Staatsanwalt in Rouen, ab 1870 wechselte er in die Politik.

34

seine Schwestern – Marie-Sidonie (1823-1884) und Claire-Amélie-Esther Bouilhet (1830-1901) waren unverheiratet, sie wohnten in ihrem Geburtsort Cany, zwanzig Kilometer östlich von Fécamp. An Ernest Feydeau schreibt Flaubert am 22. Juli 1869: »Seine beiden Schwestern haben ihm das Leben verkürzt, weil sie wieder ankamen und *ihm Szenen machten* wegen der Religion. Er war übrigens phantastisch und *unbeugsam*. Als er am Sonntagabend zu delirieren anfing, entwarf er ein Szenarium über die Inquisition.« Und im Brief an Du Camp vom 23. Juli heißt es: »Seine Schwestern kamen aus Cany, machten ihm *religiöse Szenen* und waren so niederträchtig, dass sie sogar einen biederen Stiftsherrn der Kathedrale empört haben. Unser armer Alter war *großartig*. Er hat sie einfach zum Teufel gejagt. Als ich ihn am Samstag zum letzten Mal verließ, lag auf seinem Nachttisch ein Band La Mettrie, was mich an meinen armen Alfred erinnerte, der Spinoza gelesen hat. Kein Priester hat den Fuß über seine Schwelle gesetzt. Der Zorn gegen seine Schwestern gab ihm am Samstag noch Kraft. Und ich bin nach Paris gefahren in der Hoffnung, er könne noch lange leben.«

Bonvalet – Restaurant am Boulevard du Temple.

Madame Roger – Edma Roger des Genettes (1818-1891) hatte Flaubert im Salon von Louise Colet kennengelernt, dort las sie am 11. März 1852 den vierten Gesang aus Bouilhets *Melaenis*. Mme Roger wurde im Dezember 1853 Bouilhets Geliebte.

Maury – Alfred Maury (1817-1892), seit 1868 Direktor der Archives nationales; Flaubert wandte sich bei seinen verschiedenen Recherchen gern an diesen Gelehrten.

Ste-Beuve – Sainte-Beuve war zu diesem Zeitpunkt bereits schwerkrank, er starb am 13. Oktober 1869, ohne die *Éducation sentimentale* gelesen zu haben, die Flaubert nach eigenem Bekenntnis zum Teil für ihn geschrieben hatte.

Café Riche – Am Boulevard des Italiens Nr. 16.

Goncourts – Die Brüder Edmond (1822-1896) und Jules de Goncourt (1830-1870) gehörten seit Anfang 1859 zum Freundeskreis Flauberts, in ihrem Tagebuch erzählen sie unter dem 17. Juli 1869 von diesem Besuch: »Flaubert kam uns heute Abend besuchen, vor Kraft und Gesundheit strotzend, blühender denn je. Er berichtet von der tödlichen Krankheit Bouilhets mit der Unbekümmertheit eines Sanguinikers und verletzt uns durch die respektlose und gleichgültige Art, mit der er uns tröstet und aufrichtet. Und als er geht, ruft der dicke Mann: ›Es ist doch merkwürdig: mir scheint in letzter Zeit, dass ich die Kraft [*vigousse*] all meiner kranken Freunde erbe!‹ [...] Man tut gut daran, in der Literatur als Normanne geboren zu werden. Das sehen wir am lebenden Flaubert und am toten Bouilhet. Man spricht bereits davon, Bouilhet ein Denkmal zu errichten, so wie seinem Landsmann Corneille – Bouilhet, diesem armen Bouilhet, der nie eine eigene Handschrift oder einen Stempel, nie ein Instrument oder auch nur einen eigenen Halbvers besessen hat, der als Dramatiker Zeit seines Lebens das Erhabene in Hugos Manier *machte*, so wie man einen Foulard *macht*!«

Cloquet – Doktor Jules Cloquet (1790-1883) war ein Schüler von Flauberts Vater. Er hatte den jungen Gustave von August bis Oktober 1840 auf einer Reise in die Pyrenäen und nach Korsika begleitet.

St-Gratien – Sommerresidenz der Prinzessin Mathilde in der Nähe von Enghien.

Théo – Théophile Gautier (1811-1872), mit dem Flaubert seit Herbst 1849 befreundet ist.

Popelin – Claudius Popelin (1825-1892), Emailmaler und Dichter, der »Knirps« ist sein zehnjähriger Sohn Gustave. Popelins Frau war im Februar 1869 gestorben, er wurde der

Nachfolger des Grafen von Nieuwerkerke in der Gunst der Prinzessin Mathilde.

Mme Vels – Adeline Fowles, spätere Mme Welles, Marquise de La Valette (1800-1869), die in erster Ehe mit dem amerikanischen Geschäftsmann Samuel James Welles und in zweiter Ehe mit dem Marquis de La Valette verheiratet war und sich nicht ganz altersgemäß kleidete und schminkte.

Amaury-Duval – Eugène-Emmanuel Pineux-Duval (1808-1885), Maler.

Violet-Le-Duc – Eugène Viollet-Le-Duc (1814-1879), Architekt, Restaurator mittelalterlicher Bauwerke und Autor großer Kunstlexika.

Philippe – Philippe Leparfait (1845-1909), unehelicher Sohn von Philippe de Chennevières und Léonie Leparfait (1824-1912), der Lebensgefährtin Bouilhets seit 1851. Bouilhet behandelte ihn wie einen Sohn und ernannte ihn zu seinem Nachlassverwalter und Testamentsvollstrecker. In seinem Brief an Du Camp vom 23. Juli schreibt Flaubert: »Ich habe nie ein besseres Herz kennengelernt, als das des kleinen Philippe. Er und die gute Léonie haben B. *bewundernswert* gepflegt. Sie haben etwas getan, was ich anständig finde. Um ihn zu beruhigen, um ihn zu überzeugen, dass er nicht in Lebensgefahr sei, hat Léonie es abgelehnt, ihn zu heiraten, und ihr Sohn bestärkte sie in diesem Widerstand. B. trug sich so fest mit der Absicht, dass er schon alle seine Papiere hatte kommen lassen. Besonders vonseiten des jungen Mannes finde ich das Verhalten wirklich gentlemanlike.«

Caudron – Gabriel Caudron (1816-1880), Freund Bouilhets und Patenonkel Philippe Leparfaits; suchte die Grabstelle aus und war später ebenfalls Mitglied der Kommission zur Errichtung eines Denkmals für Bouilhet.

Verneuil – Flauberts Mutter war am 6. Juli mit den »Damen Vasse« von Croisset in deren Haus in Verneuil-sur-Avre (Departement Eure) gefahren.

35

Dupin – Wahrscheinlich die Prostituierte, die Bouilhet in mehreren Briefen an Flaubert erwähnt.

Duplan – Jules Duplan war zuletzt Wertpapierverwalter in der Banque de France. Am 21. Februar 1870, wenige Tage vor Duplans Tod, schreibt Flaubert an George Sand, dieser sei »ein sehr enger Freund (mein engster mit Bouilhet), ein guter alter Vertrauter, der mir ergeben war wie ein Hund«.

Clausse – Vermieter der Wohnung in der Rue de Murillo Nr. 4, die Flaubert bereits im Mai besichtigt hatte und in die er im August 1869 einziehen wird. Der Hauptgrund für die Reise nach Paris dürfte der Wohnungswechsel gewesen sein.

Siraudin – Paul Siraudin (1813-1883), Verfasser zahlreicher Komödien und Vaudevilles.

Boulanger – (1824-1888), Historienmaler.

36

Mantes – In Mantes pflegte sich Flaubert zwischen 1846 und 1853 mit Louise Colet zu treffen, hier lebte aber vor allem Bouilhet von 1857 bis 1867.

Rolboise – Der 2650 m lange Tunnel von Rolleboise befindet sich zwischen Mantes und Vernon.

Arnal – Wahrscheinlich der Schauspieler Étienne Arnal (1794—1872), berühmt für seine komischen Rollen.

Rue Bihorel – Bouilhet wohnte in der Nr. 43, das Haus steht heute noch.

Ekklesiastikus – Das religiöse Vokabular war zwischen Flaubert und Bouilhet eine Art Geheimsprache. Auch im

Brief an Du Camp vom 23. Juli beschreibt Flaubert die Sterbeszene ganz ähnlich: »Am Sonntag um 5 begann er zu delirieren und entwarf mit lauter Stimme das Szenarium für ein mittelalterliches Drama über die Inquisition. Er rief nach mir, um es mir zu zeigen, und war ganz begeistert.«

37

Léonie – Bouilhets Lebensgefährtin, siehe oben Anm. zu Philippe Leparfait.

Émengard – Ein Bürger aus Croisset, den Flaubert nicht sehr schätzte, am 25. Oktober 1872 schreibt er an Caroline: »Auf dem Schiff aus La Bouille, Geschwätz Émangards.«

Sie sind – Achille Flaubert und seine Familie.

Hôtel de France – In der Rue des Carmes Nr. 99.

Du Camp – Flaubert war von November 1849 bis Dezember 1850 mit Maxime Du Camp durch den Orient und anschließend noch ein halbes Jahr durch Griechenland und Italien gereist. Nach Bouilhets Tod ist Du Camp der letzte enge Jugendfreund, und so schließt Flauberts Brief vom 23. Juli auch mit den Worten: »Ich umarme Dich liebevoll. Ganz der Deine, mein armer, alter Max, es gibt ›nur noch Dich‹, Dich allein!«.

d'Osmoy – Charles d'Osmoy (1827-1894), Politiker; während seiner Studienzeit in Rouen war Bouilhet sein Repetitor gewesen. Mit Flaubert und Bouilhet hatte er 1863 an *Le Château des cœurs* gearbeitet und wurde schließlich zusammen mit Flaubert, Du Camp und Caudron Bouilhets Testamentsvollstrecker.

38

Mme Régnier – Marie Régnier (1840-1887), Gattin eines Arztes aus Mantes, wo Bouilhet sie kennengelernt hatte. Unter dem Pseudonym Daniel Darc schrieb sie Romane und Theaterstücke.

Fossard – Bibliothekar in der Stadtbibliothek von Rouen.

Kirche – Die Trauerfeier fand in der Église Saint-Romain unweit des Bahnhofs statt.

Soldaten – Das *Journal de Rouen* vom 21. Juli 1869 schreibt, dass »ein Kommando des 41. Infanterieregiments« dem Trauerzug das Geleit gab. Der Artikel erwähnt Achille Flaubert, aber nicht Gustave.

die Reden – Es wurden drei Reden gehalten, die das *Journal de Rouen* vom 21. Juli auch abdruckte; die Redner waren: der stellvertretende Bürgermeister Monsieur Nétien, der Bibliothekar Monsieur Fossard, und der Schriftführer des Vereins ehemaliger Schüler des Gymnasiums von Rouen Monsieur Desbois. Zu Fossard schreibt Flaubert am 29. Juli an Frédéric Baudry: »Vater Fossard hat eine Rede gehalten! Alles ist ironisch, was nicht heißt komisch.«

Dumée – Der Nationalgardist Edme-Pierre Dumée (1826-1848) aus Rouen war während der revolutionären Junitage in Paris getötet worden; sein Grab liegt an der Allee, die zu den Gräbern Bouilhets und der Familie Flaubert führt.

39

Pouchet – Félix-Archimède Pouchet (1800-1877), Arzt und Naturforscher, Direktor des Muséum d'histoire naturelle in Rouen.

Geste – Flaubert wie auch Bouilhet standen Mme Régnier eher gleichgültig gegenüber, sie gehörte nie zum engeren Freundeskreis. Flauberts Geste dürfte also eine Hommage an die Schriftstellerin und an ihre Herkunft aus Mantes sein.

Leper - Unklar, ebenso die beiden Gérards.

Malenfant – Freund Bouilhets aus Rouen, der sich später mit
Caudron um das Denkmal für Bouilhet kümmerte.

Serquigny – Stadt im Departement Eure, sechzig Kilometer
südlich von Rouen: Mme Flaubert kommt von den »Damen Vasse« aus Verneuil-sur-Avre zurück.

Mme Folcon – Unklar.

Durey – Die Schauspielerin Marie Durey war eine von Bouilhets Geliebten.

Meloenis – Bouilhets erstes veröffentlichtes Werk, eine »Römische Erzählung« in Versen, erschien im November 1851
in der *Revue de Paris* und als Buch unter dem Titel *Melaenis*
1857 bei Michel Lévy.

40

Vernichtungsmanie – Von Flaubert sind 15 Briefe an Le Poittevin erhalten gegen 40 von Le Poittevin an Flaubert. – 86
Briefe von Flaubert an Bouilhet stehen 523 von Bouilhet
an Flaubert gegenüber.

persische Album – Du Camp dürfte es von der Orientreise mitgebracht haben. Der hier erwähnte Mansion taucht nur
in einem einzigen Brief auf, am 26. Juni 1868 schreibt
Flaubert an Jules Duplan: »*Mansion* ist seit 6 Wochen bei
Monsignore! Er schläft, isst und trinkt dort. Stell Dir das
vor! / NB. – Léonie stinkt besagter Mansion.«

das Leben in Paris – Zwei Briefe Bouilhets bezeugen diesen Vorwurf, Flauberts Antwort auf den ersten ist nicht erhalten:
»Je älter Du wirst, desto mehr liebst Du die Welt. Ich mache eine entgegengesetzte Entwicklung durch. Ohne sie
jemals besonders geliebt zu haben, graut mir jetzt beinahe vor ihr. Du sorgst Dich wegen Paris; ich gar nicht! Man
kommt immer auf seine Kosten, ich weiß schon. Doch unsere großen Tage von einst werden wir niemals am Rande
des Asphalts erleben, Karaphon!« (30. September 1865) –

»Mein lieber Alter, / ich bitte Dich zunächst einmal um Entschuldigung, wenn ich mich so schlecht ausgedrückt habe, dass Du glaubst, ich fände Dein Leben seit 1851 allzu *mondän*. Ich wollte bloß sagen, dass Dein Streben und Verlangen viel stärker auf die Welt ausgerichtet sind als in jener phantastischen Zeit, als Dir Du Camp riet, nach Paris zu ziehen, und Du ihn zum Teufel geschickt hast. / Hätte uns damals irgendwer die materielle Möglichkeit geboten zu schreiben, ohne zu unseren Lebzeiten jemals etwas zu veröffentlichen, und für immer auf die Gesellschaft der mittelmäßigen Bürger zu verzichten, gewiss hätten wir begeistert zugestimmt, soviel ich mich erinnern kann. Und jetzt bist Du genauso weit davon entfernt wie ich. Und deshalb kann das glückliche und sorglose Leben niemals in seiner Fülle von vorne beginnen. So geht es uns allen.« (7. Oktober 1865)

41

Kompass – Das gleiche Wort findet sich in einem Brief an Frédéric Fovard vom 22. Juli 1869: »Das ist ein für mich unersetzbarer Verlust. – Ich habe vorgestern mein literarisches Gewissen begraben, meine Urteilskraft, meinen Kompass – ganz zu schweigen vom Rest!« – Im Französischen ist »perdre la boussole« ein geläufiger Ausdruck für: den Kopf, den Verstand, die Orientierung verlieren.

Leben und Werke des Paters Cruchard

45

Cerpet – In ihrer Posse *La Queue de la poire de la boule de Monseigneur* (1867) ließen Flaubert und Bouilhet bereits einen Pfarrer namens Thomas Serpet auftreten.

Dudevant – So hieß George Sand (1804-1876), geborene Aurore Dupin, verehelichte Baronin Dudevant.

Bartholomé, Denys, Romain – Flaubert gibt Cruchard die Vornamen seiner Romanhelden Bouvard und Pécuchet, Bouvard heißt: François, Denys, Bartholomé und Pécuchet: Juste, Romain, Cyrille.

Apfelwein-Presse – Wir befinden uns, wohlverstanden, in der Region Calvados.

Pontifizes – Felice Peretti (1521-1590), der 1585 Papst Sixtus V. wurde, war bäuerlicher Herkunft und soll in seiner Kindheit Schweine gehütet haben. Bereits in Stendhals *Rot und Schwarz*, das Flaubert im Sommer 1845 gelesen hat, beflügelt Perettis Aufstieg die Phantasie junger Seminaristen: »Warum sollte ich nicht auch Papst werden wie Sixtus V, der Schweine gehütet hat?« (1. Buch, 26. Kapitel)

47

worum es überhaupt ging — Ein ähnliches Spiel mit der Rhetorik trieben Flaubert und Bouilhet, als sie um 1846 gemeinsam *La Découverte de la vaccine* verfassten.

Engel der Schule – Thomas von Aquin wurde wegen seiner außergewöhnlichen Fähigkeiten als Lehrer »Doctor angelicus« genannt.

48

Bridaine – Flaubert vergleicht seinen Cruchard mit berühmten französischen Predigern: Louis Bourdaloue (1632-1704), Jean-Baptiste Massillon (1663-1742), Jules de Mascaron (1634-1703), Timoléon Cheminais de Montaigu (1652-1689) und Jacques Bridaine (1701-1767).

asiatisch – Der asiatische Stil in der Rhetorik, so benannt nach der Entwicklung des Griechischen in den asiatischen Kolonien, zeichnet sich durch Üppigkeit und Bilderreichtum aus.

König der lateinischen Redner – Cicero (106-43 v. Chr.) verbrachte
ab 79 v. Chr. zwei Jahre in Griechenland und Kleinasien,
auf Rhodos weilte er bei dem berühmten Redner Apol-
lonius Molon.

Jesaja – »Da sprach der HERR: Gleichwie mein Knecht Jesaja
nackt und barfuß geht drei Jahre lang als Zeichen und
Weissagung über Ägypten und Kusch ... « (Jesaja 20, 3).

49

Evander – Oder Euandros, führte der Sage nach 60 Jahre vor
Trojas Fall Arkader nach Latium, gründete eine Stadt am
linken Ufer des Tiber, die er Palatium nannte, und unter-
richtete ihre Bewohner in Wissenschaft und Kunst.

Parthenope – Alter Name von Neapel.

50

S.R.R. – Abkürzung für Sogenannte Reformierte Religion. –
Der Titel soll natürlich an Scapins Schelmenstreiche von
Molière erinnern.

De pondere – »Über Gewicht, Innenraum, Fassungsvermögen
und Aussehen der Arche Noah und über die wirkliche
Anzahl der Tiere, die in ihr eingeschlossen und befördert
wurden, mit neuen, prachtvollen Stichen.« Das »Lyon
der Bataver« ist Leiden, wo viele Werke gedruckt wurden, um die Zensur zu umgehen.

Ignatius – Ignatius von Loyola (1491-1556), Stifter der Gesellschaft Jesu.

51

Beichtvater – Cruchards Biographie erinnert hier stark an
Jacques Bénigne Bossuet (1627-1704), der eine wichtige
Rolle spielte bei der Bekehrung von Mademoiselle de La
Vallière, einer Favoritin Ludwigs XIV.

Chauvignolles – *Chavignolles* heißt ein kleines Dorf in der Nähe von Nohant, wo George Sand lebte, sowie der Ort, an dem Flauberts Helden Bouvard und Pécuchet ihren Studien nachgehen.

Louise de la Miséricorde – Diesen Namen nahm Mademoiselle de La Vallière (1644-1710) an, als sie 1674 Versailles verließ und sich in ein Karmeliterinnenkloster zurückzog, wo sie sechsunddreißig Jahre lang ein beispielhaftes Leben führte.

52

Schwestern von der Verzweiflung – Der Orden der Salesianerinnen wurde 1610 von François de Sales und Jeanne de Chantal gestiftet, die »Schwestern von der Verzweiflung« sind jedoch eine Erfindung Flauberts.

M. de Cambrai – François Fénelon (1651-1715), Bischof von Cambrai, bekam 1678 die »Nouvelles Catholiques« anvertraut, eine seit 1634 bestehende Gemeinschaft, die sich der zum Katholizismus konvertierten Protestantinnen annahm.

M. de Bérulle – Pierre de Bérulle (1575-1629), Kirchenmann, der gemeinsam mit Madame Acarie ab 1604 die ersten Karmeliterinnenklöster in Frankreich begründete.

Verirrungen – In dem von Jean Thomas in *Confluences* Nr. 16 vom Januar 1943 veröffentlichten Text steht hier »écueils« (Klippen) anstelle von »erreurs«.

53

die Eselin — Mit Bezug auf die Bibelstelle, in der Bileam seine Eselin schlägt (4. Mose 22, 21-35), schreibt Franz von Sales im Kapitel »Des Exercices de la mortification extérieure« seines Andachtsbuches *Introduction à la vie dévote*

(1608): »Ach, teure Freundin! Ihr handelt wie Bileam, der seine Eselin schlug; Ihr kasteit Euren Körper, obwohl er nicht der Grund ist für den Zorn Gottes, der seine Hand gegen Euch erhebt. [...] Oh, Du arme Seele! Könnte Dein Fleisch reden wie Bileams Eselin, so würde es sagen: Warum schlägst Du mich, Elende? Dir allein zürnt Gott; Du bist die Verbrecherin«.

Molinismus – Der spanische Jesuit Luis Molina (1535-1600) vertrat die These, dass der Mensch kraft seines freien Willens das Gute zu erkennen und folglich zwischen Gut und Böse zu wählen vermag. Dies brachte ihm die Kritik ein, die göttliche Gnadenwahl zu beschränken.

Epiphanius – Der Kirchenschriftsteller (ca. 315-403) und Bischof von Zypern trat gegen Arianismus und Origenismus auf.

54

Krug – Das französische Sprichwort »tant va la cruche à l'eau qu'à la fin elle se casse« entspricht dem deutschen »der Krug geht so lange zum Brunnen, bis er bricht«; »cruche« bedeutet außerdem »Hohlkopf«, »Cruchard« ist also der »Hohlköpfige«.

auserwähltes Gefäß – Übersetzung nach der Elberfelder Bibel (1905). So wird Saulus/Paulus in Apostelgeschichte 9, 15 genannt, und auch Calvin bezeichnete sich als »vase d'élection«. Luther verwendet dafür den Ausdruck »ein auserwähltes Rüstzeug«.

Editorische Notiz

Die Übersetzung der vier Texte folgt der französischen Erstausgabe *Vie et travaux du R.P. Cruchard et autres inédits*, herausgegeben von Matthieu Desportes und Yvan Leclerc, mit einer Vorbemerkung von Bernard Molant, Rouen: Publications des Universités de Rouen et du Havre 2005. Nicht in die deutsche Ausgabe aufgenommen wurden Lesarten und Varianten, bei denen es sich nur um Differenzen im Detail handelt, die in der Übersetzung naturgemäß nicht wiedergegeben werden können; für eine Beschäftigung mit diesen bleibt der Philologe ohnehin auf das französische Original verwiesen. Flauberts eigenwillige Interpunktion wurde beibehalten. Fehlerhafte Schreibungen historischer Personennamen (wie Bismark, Creutzer) werden hier nicht eigens nachgewiesen, sondern stillschweigend korrigiert. Nachwort und Anmerkungen sollen den deutschsprachigen Leser dieser häufig sehr komprimierten Texte mit Einzelheiten aus Flauberts Leben und Werk und mit dem historischen Hintergrund vertraut machen; die Ausgabe von Matthieu Desportes und Yvan Leclerc war dabei eine unschätzbare Hilfe, für die hier herzlich gedankt sei. Und zuletzt *un grand merci* an Wolfgang Matz für Rat und Tat.

Leben und Werke des Paters Cruchard und andere unveröffentlichte Texte erscheint als Buch der Friedenauer Presse. Gegründet wurde die Friedenauer Presse 1963 in der Wolff's Bücherei im Berliner Stadtteil Friedenau, dem sie ihren Namen verdankt. Der Verleger Andreas Wolff, Enkel des Petersburger Verlegers M. O. Wolff, veröffentlichte bis 1971 in loser Folge 36 Drucke. Von 1983 bis 2017 wurde der Verlag von Katharina Wagenbach-Wolff geführt, seit 2020 ist die Friedenauer Presse ein Imprint des Verlags Matthes & Seitz Berlin.

FRIEDENAUER PRESSE
Wolffs Broschur

Erste Auflage Berlin 2023

© 2023 MSB Matthes & Seitz Berlin Verlagsgesellschaft mbH, Großbeerenstraße 57A, 10965 Berlin

info@matthes-seitz-berlin.de

Die vorliegende Ausgabe erschien erstmals 2008.

Gestaltet und gesetzt von ciconia ciconia, Berlin.
Verwendet wurde die Vollkorn.
Die Herstellung besorgte Hermann Zanier, Berlin.
Gedruckt und gebunden von Art-Druk, Szczecin.

ISBN 978-3-932109-56-0

www.friedenauer-presse.de

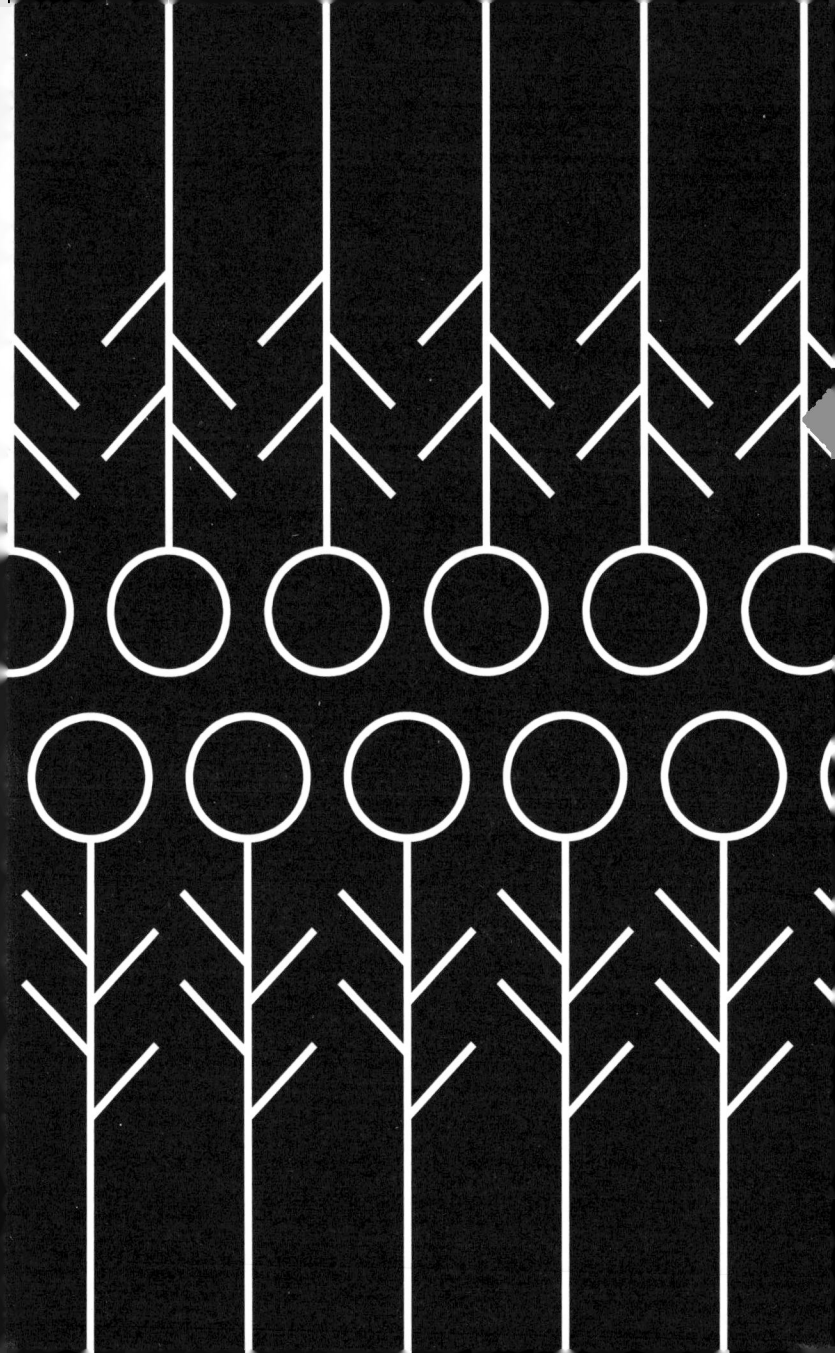